LES PIEDS DANS LE MOI

Itinéraire de survie
dans un monde trop parfait

Maud Lehanne

LES PIEDS DANS LE MOI

Itinéraire de survie
dans un monde trop parfait

Editions Anne Carrière

Ouvrage publié sous la direction de
Véronique de Bure

ISBN : 2-84337-333-6

www.anne-carriere.fr

SOMMAIRE

A Sébastien et Julien,
A Inti et Solal.

« Ce que l'on sait n'est pas à soi. »

Marcel PROUST

« Le doute est un hommage rendu à l'espoir. »

Comte de LAUTRÉAMONT

Avant-propos

Cet ouvrage n'est pas un livre de psychologie ni de philosophie. S'il faut le définir, je dirai que c'est un livre de bon sens et d'observation, deux notions qui semblent souvent nous faire défaut dans les situations les plus ordinaires de la vie.

N'y cherchez pas de solutions miracles aux difficultés que vous rencontrez. Vous risqueriez d'être fort déçu. Cet ouvrage a, tout au plus, la mission de poser des questions. Celles que, souvent, nous ne prenons pas toujours le temps de nous poser et qui peuvent, peut-être, nous aider à aller plus loin dans notre réflexion.

Si c'est le cas, la mission de ce livre sera remplie.

Pour l'écrire, je me suis basée sur des cas réels qui ont juste été aménagés pour préserver l'anonymat nécessaire. (Les prénoms, les professions, les lieux ont été changés.)

Une précision : les thèmes abordés ne peuvent se traiter isolément ; une problématique est, en effet, souvent étroitement liée à une ou plusieurs autres, ce qui produit un phénomène inévitable de chevauchement.

Enfin, une dernière chose : les chapitres ne s'enchaînent pas dans un ordre strict ; vous pouvez donc « voyager » dans le livre comme bon vous semble, au gré de votre intérêt et de votre curiosité et tracer, ainsi, votre propre itinéraire.

Bonne route !

I

ET SI ON ATTERRISSAIT ?

« La vie est un travail qu'il faut faire debout. »

ALAIN

« Le paradis n'est pas sur terre, mais il y en a des morceaux... »

Jules RENARD

La vie n'est pas juste

« Les faits ne cessent pas d'exister parce qu'on les ignore. »

Aldous HUXLEY

Julie veut de la vie ce qu'elle présente de plus amène, de plus gratifiant, de plus satisfaisant. A première vue, rien que de très compréhensible. Quand Julie a ce qu'elle veut, elle pense que c'est bien normal : la vie, ce doit être cela. Tout doit rouler dans le même sens, donner satisfaction. Et, il faut le reconnaître, elle s'y emploie avec une énergie farouche qui force l'admiration. Or, un jour, Julie se trouve confrontée à un gros souci : elle fait partie du nouveau plan social de la société où elle travaille depuis huit ans. Le monde de Julie s'écroule. Elle ne comprend plus. Pourquoi elle et pas une autre ? Comment cela peut-il lui arriver à elle, si consciencieuse dans son travail ? C'est injuste.

Nous rencontrons régulièrement des Julie (qui peuvent être des Jean ou des Maxime, d'ailleurs, ce profil étant aussi bien masculin que féminin). Pour eux, il est parfaitement normal d'être en bonne santé, d'avoir un travail plaisant, un salaire correct, et d'avoir une vie affective et sociale satisfaisante.

Quand ils n'ont pas ce qu'ils pensent être en droit d'attendre, ils sont prêts à formuler une réclamation.

A leur employeur, à leurs parents, à la société, au ciel... qu'importe ! Il faut qu'ils communiquent leurs frustrations haut et fort. La phrase que l'on entend alors est : « *Ce n'est pas juste* ! »

Effectivement.

La vie n'est pas juste. Ce n'est un scoop pour personne. Si la vie était juste, cela se saurait.

Or, souligner cette évidence ne les calme en rien, bien au contraire. L'incompréhension est totale.

Ils semblent se comporter dans la vie comme devant la carte d'un restaurant où il suffit de parcourir le menu et de choisir son entrée ou son plat préféré, en évitant soigneusement les préparations qui ne leur plaisent pas.

Or vivre n'est pas comme choisir ses mets préférés sur une carte de restaurant, en choisissant les seuls événements gratifiants et en évitant ceux qui nous heurtent ou nous font souffrir.

Vivre, c'est prendre la carte tout entière en acceptant l'idée qu'il faut consommer la totalité des plats proposés sans exception, y compris le gibier ou la tête de veau que l'on déteste !

Pourquoi ? La réponse est simple : nous ne pouvons pas faire autrement. Oui, répétons ce qui peut paraître un truisme : NOUS N'AVONS AUCUN CHOIX !

La vie, c'est accepter le bon comme le mauvais et c'est cela la norme.

La norme, donc, c'est être en bonne santé ET être malade... Etre heureux ET être malheureux... Aimer ET détester... Etre seul ET être entouré...

Quand on est heureux, on se sent vivant. Chacun de nous connaît ce sentiment de plénitude où l'on a la sensation que « *oui, vivre, c'est ça !* ». Mais quand on est malheureux on est vivant aussi ! Même si, admettons-le, il y a un état plus agréable que l'autre, tous les deux sont des preuves formelles que nous sommes en vie...

Bien sûr, nous allons tout faire pour éviter que les choses tournent mal mais, malheureusement (ou heureusement, qui sait ?), nous ne sommes pas les seuls maîtres à bord : nous ne sommes que les commandants des vaisseaux que sont nos existences (et ce n'est déjà pas si mal !). Que la tempête se lève et nous devrons faire face à cette donnée extérieure et essayer de nous en sortir au mieux.

Le marin ne fait pas autre chose qui n'exige pas que la météo soit clémente pour prendre la mer. Il sait qu'il peut y avoir des coups de tabac et qu'il devra les surmonter. Il ne nous reste plus qu'à faire de même.

Il n'y a donc aucune réclamation à formuler à qui que ce soit quand la vie ne nous gratifie pas comme on l'espère. Il n'y a aucun dysfonctionnement de la vie quand on se trouve confronté à des épreuves. Si on accepte l'idée même de vivre, il va falloir accepter ce qui va avec. Encore une fois, on n'a pas d'autre choix.

Il ne s'agit pas ici de prôner la passivité devant l'adversité. On peut se trouver devant une maladie, l'accepter (là encore, pouvons-nous faire autrement ?) et vouloir néanmoins la combattre. On peut constater une injustice, accepter l'idée que cela fait partie du jeu social et se mobiliser pour qu'elle disparaisse.

Intégrer cette donnée est fondamental. Si réellement, cette notion fait partie de ce que l'on comprend de l'existence, on va pouvoir mobiliser toutes ses ressources pour faire face à l'épreuve. On ne perdra pas une bonne part de son énergie à lutter contre l'idée que ce qui arrive n'est pas normal.

Santé, maladie... Méchanceté, gentillesse... Bonheur, malheur... Tout est normal : il y a juste des phases plus agréables que d'autres.

C'est tout et c'est toute la vie.

Le syndrome R...

« Une place pour les rêves
Mais les rêves à leur place. »
Robert Desnos

« Le matin vient de se lever, encore une belle journée... »

Nous avons tous en tête la musique et les images de ce spot publicitaire : une belle journée d'été, le soleil darde ses feux encore cléments, une famille prend son petit déjeuner dans le jardin. Le père, la mère, les enfants (fille, garçon, blonds), le grand-père, la grand-mère, âgés mais pas trop, tout le monde est gai, se sourit et semble trouver la vie belle.

Je ne sais pas si cette publicité a fait vendre beaucoup du produit vanté mais je sais une chose : des messages tels que celui-ci ont probablement contribué à la propagation d'un malentendu aussi gigantesque que tenace, qui peut se résumer ainsi :

« *Si je n'ai pas ça, ma vie ne va pas.* »

Ici, il ne s'agit pas de se plaindre quand quelque chose ne va pas (comme on l'a vu plus haut). On franchit un cap supplémentaire : on se choisit un modèle et si on ne l'atteint pas, on est insatisfait, comme s'il n'y avait qu'une voie pour réussir sa vie.

Évidemment non. La vie n'est pas un spot publicitaire, et vouloir plus ou moins consciemment calquer sa vie sur ce modèle est la meilleure façon de passer à côté de son existence.

C'est pourtant ce que font certaines personnes. Nous en connaissons tous, à commencer par tous ceux qui sont à la recherche de l'homme idéal ou de la femme rêvée.

Que de personnes passent à côté de partenaires avec lesquels elles seraient heureuses si elles se décidaient à mettre de côté leurs rêves d'idéal absolu !

Mais hélas, ce syndrome fait des ravages dans bien d'autres domaines.

- *C'est Armelle qui subit la pression de son entourage qui lui demande inlassablement « si elle va enfin se décider à se stabiliser » (comprenez « à se fixer avec un homme », de préférence par le mariage).*

- *C'est Hubert qui aurait rêvé d'être ébéniste et qui est sorti major de sa promotion centralienne... comme son père.*

- *C'est Anne-Cécile qui s'affuble d'oripeaux qui l'enlaidissent parce que « c'est la mode ».*

• *C'est Raphaël qui suit un régime drastique parce qu'il sait qu'il y a aussi une discrimination à l'embauche pour les personnes en surcharge pondérale.*

• *C'est Virginie qui part régulièrement en vacances à Ibiza alors que ses goûts vont plutôt vers le petit village breton de son enfance.*

C'est... C'est... Je pourrais dérouler les exemples à l'infini, si je ne craignais la monotonie.

Nous vivons dans une société où la dictature du modèle unique fait rage.

On se doit d'être agréable, en forme physique, mince, de suivre la mode, d'avoir un métier valorisant, d'être marié (ou de ne pas être seul), d'avoir des enfants, de voyager régulièrement dans les endroits reconnus par la majorité comme les passages obligés.

Et je n'ai pas encore abordé le problème du vieillissement. Sachons-le, nous n'avons plus le droit d'être vieux. Le mot même a disparu du vocabulaire. Il n'y a plus de « vieux » mais des « seniors » qui s'essoufflent à gagner la bataille contre l'inéluctable.

Les modèles véhiculés à travers les médias sont sources d'insatisfactions et de frustrations permanentes. Comment se hisser aux niveaux de « perfection » entrevus ? Comment atteindre ces rêves qui nous sont proposés comme modèles ?

Il n'est pas question ici de dénoncer les rêves. Nous avons tous besoin d'une part de rêve. C'est souvent le rêve qui va nous pousser là où nous pourrions avoir du mal à aller. C'est cette part de rêve qui nous fait entrevoir l'avenir de façon peut-être plus exaltante, plus pleine.

Mais faisons la différence entre le fait de rester dans le rêve et, ainsi, de rêver sa vie... et les efforts que l'on va faire pour essayer de tirer sa vie vers son rêve.

Dans un cas, on reste sur un nuage et le réel nous échappe. Dans l'autre, on part du réel et l'on tente de le hisser vers l'idéal que nous voulons atteindre.

Il est bon de rêver... si l'on sait que l'on rêve. Les rêves nourrissent notre imaginaire et apportent quelques rayons de soleil dans notre quotidien. Mais attention à ne pas contempler sa vie de trop haut... Nous risquerions alors de n'en être que les spectateurs.

II

NOUS NE SOMMES PAS DES ANGES !

« Chaque homme porte la forme entière
de l'humaine condition. »
Michel de MONTAIGNE

Bon, mauvais, tout est en nous

« Ce que je fais n'est que la conséquence [...] de ce que je suis. »
Roland BARTHES

Il y a une idée fort répandue qu'il serait peut-être temps de remettre en question. C'est l'idée selon laquelle nous naîtrions tous « bons ». Nous serions des sortes d'« anges » dépourvus de la moindre malice et de la moindre pulsion négative. Et c'est la vie, les événements (donc pas nous) qui nous rendraient comme nous le sommes, avec, finalement, assez peu de responsabilités dans ce que nous sommes aujourd'hui.

C'est un peu facile et un peu vite dit.

Une chose est sûre : nous faisons partie de la race des humains et, en tant que tels, nous en présentons toutes les particularités et toutes les imperfections, et ceci, dès le départ.

Pour dire les choses autrement, nous naissons avec tout le potentiel d'un saint... mais aussi tout le potentiel d'un démon.

Mais alors, me direz-vous, qu'est-ce qui fait qu'il y a des gens bien et, disons-le, de franches crapules ?

Tout va dépendre, de ce que nous allons faire de notre potentiel de départ, tout simplement. Selon notre histoire personnelle, nous allons développer tel ou tel aspect de notre caractère.

La différence entre quelqu'un de bien et la crapule, c'est donc ce qu'il va faire de ce potentiel de départ... Or, cela implique que l'on sache parfaitement de quoi est fait ce potentiel.

Pourquoi est-il si important d'admettre que sommeillent en nous le bon comme le mauvais ?

D'abord, pour la connaissance que nous devons avoir de nous-mêmes.

Ensuite, pour éviter tout angélisme vis-à-vis de nous-mêmes et élargir ainsi notre tolérance envers autrui.

Enfin, pour ne pas se faire « rattraper » par le côté noir de notre personnalité.

Si je résiste à l'idée que je possède certaines zones d'ombre, si je ne veux même pas l'envisager, je risque un jour d'en faire durement les frais.

Un exemple, celui de Fabien.

Fabien est un être calme qui ne crie jamais, s'énerve rarement et fait montre en toute circonstance d'une attitude mesurée et courtoise.

Je connais Fabien depuis plusieurs années. Je connais son histoire et je sais qu'il cache en lui-même une violence inouïe mais je suis, apparemment, la seule à le savoir.

Au fil du temps, je me rends compte qu'il ne se perçoit absolument pas comme quelqu'un de violent. Il est très fier d'afficher son équanimité devant chaque événement de la vie. Il s'étonne et critique durement les personnes qui ne savent pas se maîtriser. Quand j'essaie de le mettre sur la voie de cette violence que je perçois, il est sincèrement étonné et dit, avec force, que je me trompe.

Un jour, pourtant, voici ce qu'il me raconte :

« Il m'est arrivé un truc infernal... Je ne comprends pas ce qui s'est passé. J'ai complètement perdu les pédales et je me suis mis dans une situation terrible... Je me demande même si je ne vais pas aller en prison !

– Dites-moi ce qui s'est passé...

– J'étais arrêté à un feu rouge et un agent est venu vers moi et m'a fait signe de me garer le long du trottoir... Bon, j'ai fait ce qu'il m'a dit. Il m'a demandé les papiers de la voiture, mon permis... enfin tout le cirque habituel. Je lui ai demandé pourquoi tout ça et il ne m'a pas répondu... Et puis il a vu que je n'avais pas le talon de mon assurance. J'avais bien la vignette sur le pare-brise mais pas le talon. Et il m'a demandé de descendre de la voiture pour me verbaliser. J'étais en retard. Je devais aller chercher Margot à

l'école. J'ai commencé à sentir monter en moi un truc incroyable... Brusquement, j'ai pété les plombs... Il y avait comme un " alien *" en moi. Je me suis mis à insulter l'agent... à le traiter de tous les noms avec des mots que je n'avais jamais employés envers personne. J'ai même failli le prendre au collet, mais l'autre agent a dû le sentir et il s'est interposé...* »

Fabien finit son histoire. Il sera verbalisé pour outrage et comparaîtra en justice quelques mois plus tard. Il écopera d'une légère peine avec sursis et d'une amende.

Cet épisode de sa vie l'a profondément marqué. Et ce n'est pas tant la sanction pénale qui a laissé des traces que la découverte de cette violence qui est sortie de lui, sans qu'il y soit le moins du monde préparé.

Cette méconnaissance de ce côté « noir » qui sommeillait en lui a empêché Fabien de se maîtriser. S'il avait admis être quelqu'un qui pouvait être violent, il se serait méfié de lui. Il aurait mis en place quelques garde-fous pour éviter de se mettre dans des situations extrêmes ou, à tout le moins, pour vivre ces situations extrêmes avec un maximum de sécurité pour lui.... et pour les autres !

Explorer toutes les zones d'ombre de nos personnalités est un exercice nécessaire même si, j'en conviens, il n'est pas très agréable.

Reconnaître que j'ai en moi de la lâcheté, de la violence, du sadisme – la liste n'est pas exhaustive ! –

me laisse le choix de développer ou non ces côtés de ma personnalité. Si je sais que c'est en moi, c'est à moi de décider de ce que je vais en faire.

Moi, aidé par l'autre, tous les autres, car ce sont eux qui vont m'accompagner sur le chemin d'honneur que je vais emprunter. C'est en effet le regard social qui me met à l'abri des exactions que je risque de commettre.

Quand on dit d'une personne que c'est « quelqu'un de bien », cela ne veut pas dire qu'elle n'a pas de côtés noirs ; cela veut dire qu'elle connaît probablement très bien toutes ses zones d'ombre et qu'elle sait les maîtriser la plupart du temps.

Quelqu'un de bien, ce n'est pas juste un ange. C'est un ange qui sait – parce qu'il l'a cherchée – la part démoniaque qui est en lui et qui a décidé de faire un pied de nez à cette partie de lui-même qu'il n'aime pas.

Ne nions pas nos côtés noirs. Essayons au contraire d'aller les débusquer au fond de nous-mêmes, puis de les admettre. Si nous ne nous appliquons pas à faire ce travail, ils risquent fort de nous rattraper par surprise, au coin du prochain bois.

Mais n'oublions pas que nous ne sommes pas définis par ce que nous faisons. Ainsi que le dit Roland Barthes : « Ce que je fais n'est que la conséquence [...] de ce que je suis. »

III

SOYEZ AU FOUR…
ET AU MOULIN !

« Un homme est toujours au-delà de ce qu'il fait. »

Jean-Paul SARTRE

La théorie des petits tas

> « Dans la vie, il n'y a pas de solutions. Il y a des forces en marche : il faut les créer, et les solutions suivent. »
>
> Antoine de SAINT-EXUPÉRY

Pour illustrer cette théorie, j'aurai recours au merveilleux sens de la synthèse de Mélanie, une charmante vieille dame de ma connaissance.

Après lui avoir expliqué ce qu'était ma « théorie des petits tas », elle l'a résumée ainsi : « Ce que tu veux dire avec ta théorie, c'est qu'il ne faut pas mettre tous ses œufs dans le même panier, quoi ! »

Merci, Mélanie : oui, c'est exactement cela.

Voyons donc de quoi il s'agit.

Toutes nos vies sont régies par des éléments de base que chacun d'entre nous appréhende de façon différente : nous sommes tous issus d'une lignée, nous poursuivons nos vies en aimant et en étant aimés, la question de la maternité ou de la paternité se pose à nous un jour ou l'autre (même si nous la repoussons), nous avons, ou non, des loisirs, des amis, une pensée...

Ce qui peut se résumer ainsi :

Vie = parents, grands-parents (la lignée) + amour (donné, reçu) + enfants (ou non) + activité professionnelle + loisirs + amis + spiritualité (au sens activité de l'esprit).

Pour savoir à peu près la place qu'occupe chacun de ces éléments dans nos vies à un instant T, nous allons visualiser ces éléments en prenant l'image d'un petit tas de sable ou d'épices. (Nous partirons du principe que nous avons, au départ, une quantité donnée à répartir.)

Quantité à répartir

Georges occupe un poste important dans une grosse entreprise d'agro-alimentaire. Ses horaires sont chargés et il se plaint de n'avoir plus de temps pour rien. Ni sport, ni loisir...

C'est à peine s'il voit sa femme, ses enfants, ses amis. Pour ajouter au tableau, sa mère a de gros soucis de santé et il passe la voir à l'hôpital tous les deux jours.

Georges est invité à visualiser les différents pôles de sa vie à l'aide des petits tas. L'exercice consiste donc à représenter chaque élément par un petit tas, en proportion de l'importance de la place qu'il occupe dans ses préoccupations. Voici le dessin qu'il produit :

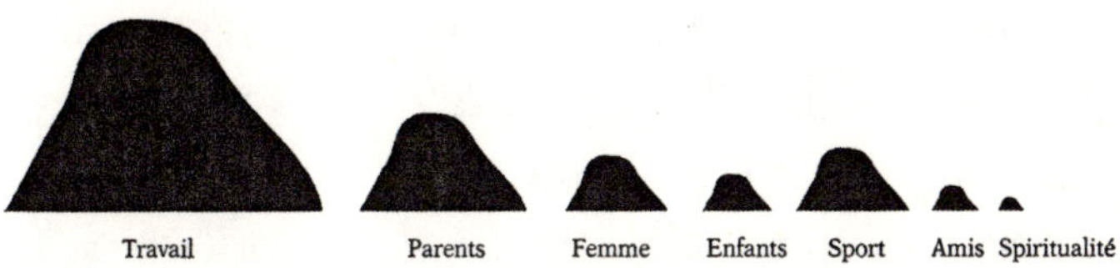

D'emblée on voit la prédominance du travail dans la vie de Georges. Ses autres pôles – à l'exception de celui des « parents » – sont peu ou pas fournis et illustrent bien le problème évoqué par Georges : il n'a plus de temps pour rien ni pour personne.

Le danger de ce fonctionnement n'est pas qu'il y ait surinvestissement dans deux domaines. On peut, à certains moments, être conduit à donner de l'importance à tel ou tel aspect de sa vie. Mais la situation de Georges est préoccupante car il s'agit là d'un fonctionnement permanent. La partie professionnelle est toujours surinvestie au détriment des pôles dévolus à sa femme et ses enfants (qui s'en plaignent de plus en plus régulièrement), à ses amis qu'il voit s'éloigner, ses loisirs, et à tout le reste...

Georges n'alimente pas ses autres petits tas et s'il devait connaître un avis de grand vent et voir sa situation professionnelle menacée – ou pire, disparaître –, il se trouverait complètement démuni devant cet événement à gérer.

On comprend aisément qu'une jeune femme qui vient d'accoucher surinvestisse énormément son pôle « enfants ».

Mais si, pendant toute sa vie, ce pôle est prioritaire et énorme, il y a gros à parier que le jour où l'enfant prendra son autonomie, cette maman le supportera très mal.

On comprend aussi que la personne qui a perdu son travail et qui a du mal à retrouver une situation aura un pôle « travail » plus important que ses autres pôles. Mais si, retrouvant un poste, elle continue de surinvestir, elle se remettra en danger.

L'idéal n'est pas d'arriver à équilibrer ses petits tas : ceci est utopique, irréalisable et pas même souhaitable. L'idéal, c'est que les petits tas bougent, que rien ne soit figé : avoir un travail, s'occuper de sa famille, voir ses amis, avoir des loisirs partagés ou non, réfléchir... Tout ce qui fait qu'une vie est riche et pleine en donnant la priorité à telle ou telle partie selon les événements qui se présentent.

Il peut être utile de faire ce petit exercice de visualisation de temps en temps pour voir où nous en sommes. Regarder ce qui est sur – ou sous – investi.

L'idée générale, on l'a compris, est de diversifier nos centres d'intérêt dans la vie.

Pour faire face aux avis de tempête que nous réserve quelquefois l'existence, en sachant sur quoi et sur qui nous appuyer. Nous éviterons ainsi d'être complètement démunis quand l'imprévisible se présentera.

IV

URGENT ? IMPORTANT ?
NÉCESSAIRE ? INDISPENSABLE ?

« On ne fait pas ce qu'on veut. Pourtant on est responsable de tout. »

Jean-Paul SARTRE

Hiérarchisez !

« Qui pense peu se trompe beaucoup. »
Léonard de Vinci

Savoir hiérarchiser les problèmes que l'on rencontre est l'une des conditions essentielles pour mener sa vie de façon satisfaisante. Sans hiérarchie dans les événements, tout va faire mouche et prendre une importance peut-être hors de propos par rapport aux conséquences possibles.

Ecoutons Patrick :

*« Je suis vraiment dans une mauvaise passe... Sylvie (*sa femme*) est agressive avec moi et avec les enfants. D'ailleurs, Arthur est revenu avec 8 sur 20 en rédaction... Au boulot, c'est pareil... J'ai raté mon entretien annuel. Heureusement, au milieu de tout ça, j'ai eu une bonne nouvelle : ma biopsie s'est révélée négative... »*

Glups ! ai-je envie de murmurer (ce que je ne fais pas).

Le fonctionnement de Patrick ne laisse pas de m'étonner. Tous les événements de sa vie sont mis sur le même plan. En l'écoutant, rien n'émerge de son discours. Tout est arasé. Chaque élément évoqué obtient le même traitement.

Comment peut-on considérer de la même façon la note de rédaction de son enfant et le ratage de son entretien annuel ?

Comment peut-on annoncer *en dernier* la bonne nouvelle qu'est le résultat de la biopsie ?

Le travail – entre autres – que je fais avec Patrick est, inlassablement, de le conduire à donner une hiérarchie aux problèmes qu'il évoque.

Sur une échelle de 1 à 10, je lui demande de classer ses problèmes. Alors que l'énoncé de l'exercice est très simple, sa mise en application paraît extraordinairement compliquée à Patrick qui, à chaque fois, met de longues minutes à décider de ce qui est le plus important pour lui. Or, personne ne peut décider à sa place. Lui seul doit procéder à ce classement.

La difficulté pour Patrick, c'est qu'il n'y a pas de modèle pré-établi.

La hiérarchie de l'un n'est pas celle de l'autre. Ce qui est important pour moi ne l'est pas pour l'autre. Il faut donc créer soi-même sa propre hiérarchie. Et c'est justement cela qui paraît à certains très compliqué. Cette difficulté est encore accrue par le fait que notre système de hiérarchisation va varier en fonction de notre expérience, de ce que nous allons vivre tout au long de notre vie. Ce qui est important pour moi aujourd'hui ne le sera peut-être plus – ou considérablement moins – demain.

Pourtant, sans hiérarchie, nous risquons de nous noyer. D'être sans cesse envahis par tout ce qui passe et nous risquons de ne pas réagir de façon appropriée à un événement qui mérite vraiment un traitement spécifique. On comprend, en effet, que si pour nous tout est « spécifique », nous prenons le risque de nous épuiser à traiter « tout » comme si tout était important, essentiel.

Pour celui qui est en face et qui, lui, arrive à hiérarchiser quelque peu, une attitude comme celle décrite plus haut est assez déroutante.

A traiter de la même façon émotionnelle la rhinopharyngite du petit dernier, le risque de licenciement qui plane, la brouille avec une amie et la perte de sa carte bancaire, on a du mal à se faire comprendre de l'entourage. On risque même de perdre un peu de sa crédibilité.

Mais l'autre, celui qui est en face, ne doit pas pour autant tenter d'imposer sa propre hiérarchie. Nous entendons souvent des phrases telles que : « Je ne comprends pas pourquoi il/elle s'en fait pour ça... Il y a des choses plus importantes dans la vie ! »

Certes, certes. Mais réagir comme cela revient à se prendre pour le mètre étalon. Celui/celle qui adopte cette position se considère, de fait, comme le référent. C'est lui/elle qui sait ce qui est important et ce qui ne l'est pas. Attention, donc, à ne pas jouer au dictateur en voulant imposer aux autres sa façon de fonctionner, en considérant que SA hiérarchie est la seule valable, ce qui serait, ni plus ni moins, de l'abus de pouvoir !

J'évoque ici la personne qui « dramatise » tout, pour qui chaque événement obtient le même traitement.

Mais la hiérarchisation est vivement recommandée également aux personnes pour qui chaque micro-événement est vécu comme un miracle, une bénédiction.

Outre le fait qu'elles doivent agacer considérablement leur entourage par l'étalage de cette félicité forcenée, je ne saurais trop leur recommander de procéder à un petit rajustement.

Ecoutons Marielle :

« J'ai une chance inouïe... Il m'arrive des trucs incroyables en ce moment. Vous vous rendez compte ? Je suis passée chef de produit, Zoé a percé sa quatrième dent, j'arrive à me souvenir de mon code bancaire à tous les coups, et en plus j'ai trouvé à me garer juste devant chez vous ! Il y a des signes qui ne trompent pas ! »

Si j'invite Marielle à travailler sur une meilleure hiérarchisation, ce n'est pas tant pour tempérer sa joie que pour la faire atterrir doucement et lui mettre un peu plus les pieds sur terre. Pourquoi, me direz-vous ?

Parce que l'idéalisation comme la dramatisation nous coupent du réel et d'une perception juste du monde. Or, la vie, pour être véritablement vécue, doit prendre en compte le réel. Toute la difficulté – en même temps que le côté passionnant – est de partir du réel et de mener notre vie vers le point que nous voulons atteindre.

Dramatisation ou idéalisation systématiques nous éloignent du réel. Ce sont deux attitudes extrêmes qui produisent à peu près les mêmes effets, notamment dans le rapport à l'autre. Trop de drame éloigne. Trop de félicité agace.

Pour soi, donc, pour ne pas passer à côté de sa vie et être en prise directe avec le réel, comme pour une meilleure communication avec l'autre, hiérarchisons, hiérarchisons !

V

N'AYEZ PLUS PEUR DU « NON » !

« Il y a deux tragédies dans la vie. L'une est de ne pas obtenir ce qu'on désire ardemment, et l'autre de l'obtenir. »

George Bernard SHAW

Frustrés et heureux !

> « Une trop grande liberté, un “ fais ce que tu veux ” commode, met la jeunesse dans l’impossibilité de désobéir, alors que rien d’audacieux n’existe sans la désobéissance à des règles. »
>
> Jean Cocteau

Mercredi. Jardin du Luxembourg. Un bel après-midi de printemps. Les enfants s’ébattent et se chamaillent dans un joyeux tintamarre. Un petit garçon de 4 ou 5 ans est un peu à l’écart et joue calmement près de sa mère. Elle lui propose, à intervalles réguliers, des petits bonbons multicolores qu’il prend visiblement avec plaisir. Un moment après :

« Tu veux ton goûter ?

– Non, non. »

Cinq minutes plus tard :

« Tu n’as pas soif ?

– Non... »

Un quart d'heure plus tard :

« *Viens goûter... Ou alors, tu veux une gaufre ?*

– *Si tu veux...* »

Dialogue authentique.

Et alors, me direz-vous ? C'est là le fait d'une maman attentionnée qui prend soin de son enfant.

Incontestablement. Elle en prend même un peu trop soin.

Qu'est-ce qui ne va pas dans tout cela ? Ce qui ne va pas est simple : cette maman ne laisse pas d'espace à son fils pour désirer. Elle le gave. De prévenances, de soins, de propositions, toutes faites avec amour, certes, mais beaucoup trop nombreuses.

Pour désirer manger, on a besoin d'avoir faim. Or, l'enfant a été gavé... d'attentions et de bonbons. Les propositions de la mère sont extrêmement rapprochées et ne laissent pas à l'enfant le simple temps pour vouloir... Il en va de même avec les jouets. Une quantité de jouets entourent le petit garçon... qui joue avec une baguette de bois ramassée un peu plus loin.

« *Laisse cette baguette, tu vas te faire mal... Tiens, prends ton seau et ta pelle...* »

L'enfant jette le seau et reprend la baguette avec laquelle il se lance dans un combat imaginaire.

« *Tu veux que je t'achète une épée ?*

– *Oui !* »

La mère se dirige vers le kiosque tout près pour acheter l'épée. En attendant, l'enfant saisit la baguette de bois et reprend son combat d'escrime imaginaire.

Remarquons que l'enfant n'a rien demandé. Bien sûr, il va jouer avec l'épée toute neuve. Mais quel bénéfice tire-t-il de ce nouveau jouet ? Peut-on parier qu'il va s'amuser davantage avec l'épée qu'avec la baguette de bois ? Dans cet exemple, que fait-on du désir premier de l'enfant et ne tue-t-on pas dans l'œuf son imaginaire et son initiative ?

Quelles hypothèses peut-on faire quant aux conséquences d'une telle attitude parentale ? Il est clair que, dans le cas de ce petit garçon, une certaine passivité semble déjà en place. Il n'a jamais à se battre pour obtenir quelque chose : on lui sert tout sur un plateau. C'est comme s'il était rassasié tout le temps, au bord du trop-plein, attendant la prochaine proposition de manière assez résignée.

Non seulement il ne désire rien réellement, mais il risque, dans l'avenir, de développer la croyance que tout lui est dû. Au fil du temps, il va peut-être finir par se demander pourquoi tout le monde ne devance pas ses désirs. De grandes difficultés peuvent alors se profiler dans sa socialisation (si ce n'est déjà fait).

Une éducation qui va trop au-devant des désirs de l'enfant peut aussi conduire à former des petits tyrans qui vont être dans une demande perpétuelle et, de toute façon, toujours insatisfaite.

Dans ce cas, l'enfant agit dans une sorte de défi permanent, comme s'il poussait l'adulte dans ses retranchements et cherchait à obtenir enfin le « NON » libérateur.

Car le « non » est souvent attendu par l'enfant. Pour se construire, structurer sa personnalité, l'enfant a besoin de se confronter, de se cogner à quelque chose de solide. L'enfant sait intuitivement qu'il ne peut pas tout faire, tout dire, tout obtenir. Et c'est en lui donnant des « non » appropriés qu'on va lui apprendre à trouver ses limites.

Pour se situer dans un contexte familial, social, l'enfant a besoin d'un cadre. Il a besoin de savoir ce qui est permis et ce qui ne l'est pas. Ce qui est souhaitable et ce qui ne l'est pas.

Il a besoin de savoir que s'il déroge à telle ou telle règle implicite ou explicite, ses parents vont le constater et lui en faire la remarque. S'ils ne le font pas, l'enfant va perdre ses repères et ne saura plus où se situer.

« *Il faut donc frustrer nos enfants ?* me demande un jeune papa. *Vous ne trouvez pas qu'ils ont bien le temps de se confronter aux réalités... ? Moi, j'ai envie qu'ils soient heureux...* »

Il va me falloir beaucoup de temps pour expliquer à ce papa que frustrer son enfant va permettre à celui-ci de devenir un être désirant, donc un être qui a plus de chance d'être heureux qu'un autre. Je vais lui rappeler que pour avancer dans la vie, pour réaliser, pour s'enthousiasmer, il faut avoir des désirs, des envies... Si l'enfant a été gavé de tout, que lui reste-t-il à désirer ? Quel va être son moteur ? Et comment va-t-il réagir quand il va réaliser qu'il ne peut pas obtenir tout ce qu'il veut ?

C'est en donnant des « non » réguliers, sensés, expliqués, que nous allons fabriquer des hommes et des femmes désirants et vivants.

Je ne voudrais pas fermer ce chapitre sans mentionner les travaux entrepris par Bluma Zeigarnik en 1927.

Cette psychologue d'origine russe émigrée aux Etats-Unis avançait l'idée que l'inachevé se gravait de manière plus forte dans nos mémoires que l'achevé. Et que l'inachevé pouvait être soit un moteur, soit l'origine de névroses si le souvenir était traumatique ou si les épisodes inachevés se révélaient trop nombreux.

Elle avait mené l'expérience suivante.

Deux groupes d'enfants d'environ 6 ans. Aux deux, on demande de dessiner le jouet qu'ils voudraient le plus posséder. On laisse le groupe 1 finir le dessin. En revanche, on ne laisse pas finir le groupe 2 et on ramasse la feuille avec les dessins inachevés.

Quelques semaines plus tard, on interroge les enfants. De ceux du groupe 1 (ceux qui avaient fini leur dessin), peu se souviennent de ce qu'ils avaient dessiné. On interroge ensuite les enfants du groupe 2. Pratiquement tous se souviennent du dessin qu'ils n'avaient pas eu le temps de finir.

Les enfants du groupe 2 ont été soumis à un manque. Ils ont vécu la frustration de ne pouvoir finir leur dessin et c'est cet inachevé qui a fixé leur désir dans leur mémoire. La frustration et le manque ont mobilisé leur mental.

L'enfant peut donc développer sa capacité à désirer s'il est confronté régulièrement – et avec amour, toujours – à des frustrations diverses.

(Les psychothérapeutes le savent bien, pour qui la frustration est partie intégrante d'une cure thérapeutique.)

Parents, frustrons nos enfants...

Dire « non », avec amour, à son enfant est le plus beau cadeau que l'on puisse lui faire. C'est l'un des ingrédients essentiels qui va lui permettre de devenir adulte et de s'ouvrir à toute une vie de désirs et d'envies.

Et, finalement, n'est-ce pas cela, être heureux ?

Savoir dire « non »

> « Ressemblons-leur : c'est le moyen d'avoir la paix. »
>
> Julien GREEN

A en juger par ce que j'entends autour de moi, dans le huis clos du cabinet ou ailleurs, savoir dire « non » semble d'une difficulté souvent insurmontable ou, à tout le moins, extraordinairement hasardeuse. Comme si le fait de dire « non » allait déclencher une succession de cataclysmes allant de la simple colère de l'interlocuteur jusqu'à la mise au ban en passant par la vengeance, le rejet... que sais-je ?

• *Marc, 42 ans, est marié depuis douze ans à Annabelle. Ils ont trois enfants. Le rêve de Marc, c'est de passer les fêtes de fin d'année chez lui, avec sa femme, ses enfants. Point. Chaque année, Annabelle lui impose sa famille, ou des amis communs. Alors que le désir de Marc est parfaitement identifié, il ne sait pas dire « non » à Annabelle quand le sujet arrive dans la conversation.*

• *Isabelle, elle, ne sait pas dire « non » à sa sœur qui lui demande un peu trop souvent de venir garder ses enfants.*

• *Quand le patron de Charles lui a demandé, sans raisons précises, s'il voulait bien laisser son bureau à un collègue, Charles, que cela contrariait beaucoup, a accepté.*

Mais pourquoi est-il donc si difficile de dire « non » ? Quels mécanismes mystérieux se mettent-ils en place, qui nous empêchent d'énoncer ce tout petit mot libérateur ?

C'est que nous avons un rapport avec le « non » qui vient de loin. Il vient de l'époque où nous avons pu énoncer nos premiers « non », de la sensation délicieuse de notre tout nouveau pouvoir et de la réaction de nos parents devant nos premières manifestations d'autonomie. Il vient des premiers « non » auxquels nous avons été confrontés. Ceux de notre mère ou de notre père, souvent assortis d'un froncement de sourcil très éloquent.

Comment les avons-nous vécus, ces premiers « non » et ceux qui ont suivi ?

Si le « non » de nos parents ou de nos éducateurs s'accompagnait de bienveillance et d'amour, nous ne devrions pas avoir trop de problème avec lui aujourd'hui.

En effet, que craignons-nous quand nous disons « non » ? Il n'y a pas à chercher bien loin. Nous craignons d'être incompris, écartés, rejetés... En un mot, pas ou plus aimés.

Examinons pourtant ce qu'est ce « non ».

Dire « non » à quelqu'un, c'est dire que nous ne sommes pas d'accord avec lui. Pas d'accord sur ce qui est dit, ce qui est fait, ce qui est proposé ou imposé.

Dire « non », c'est être tout simplement distinct de l'autre, condition absolue pour pouvoir avoir une relation avec lui.

Or, le malentendu vient de là : nous avons peur qu'en étant différents de l'autre, il nous rejette, énonçant là, implicitement, que nous-mêmes pouvons difficilement accepter que quelqu'un nous dise « non ».

On en revient encore à l'idée que pour avoir une relation satisfaisante, ou même possible, avec l'autre, il faudrait être semblable, avoir les mêmes idées, les mêmes positions.

Mais ne pas dire « non » à l'autre est très déroutant pour ce dernier. Au début, il va être satisfait de rencontrer une personne aussi semblable que lui. Mais peu à peu, il va considérer l'autre comme un prolongement de lui-même et ne plus le voir en tant qu'être distinct. A ne jamais se distinguer par ses « non », l'autre s'est fondu en lui.

Si l'on comprend bien qu'une personne qui dit « non » tout le temps ne peut pas rencontrer l'autre et se ferme au contact, on a un peu plus de mal à admettre qu'il en va de même avec quelqu'un qui dit toujours « oui » (ou qui ne dit jamais « non »).

Or, c'est pourtant le cas. On ne rencontre pas l'autre en disant toujours « oui », en acceptant et en étant d'accord sur tout. Ne jamais montrer sa différence revient à se gommer. Et si je me gomme, je disparais. Comment l'autre pourra-t-il alors avoir un véritable contact avec moi ?

Ne jamais dire « non », c'est offrir à l'autre une structure molle, comme de la pâte à modeler, qui prend la forme qu'il va lui-même désirer et non la forme de l'être avec qui il a envie d'échanger.

Pour avoir un véritable contact avec l'autre, il faut être consistant. Avoir une structure suffisamment marquée pour qu'il sache à quoi se confronter. Connaître ses frontières, ses limites et ne pas craindre de les faire respecter. En un mot, il faut exister face à l'autre.

Dire « non » à quelque chose que nous propose un ami, par exemple, ce n'est pas dire « non » à cet ami. C'est dire « non » juste à ce qu'il nous demande. On ne le rejette pas, lui, en tant que personne, on rejette simplement ce qu'il propose.

C'est une petite différence, mais elle fait toute la différence.

Il ne s'agit pas de jeter des « non » à tort et à travers.

On peut – on doit ? – mesurer les conséquences que peut avoir ce « non » et se demander si l'on peut assumer ce que l'on va déclencher en le prononçant.

Ce qu'aurait dû faire Lisa qui a refusé de sortir avec une amie et qui ne supporte pas qu'elle lui en veuille.

Qu'aurait-elle dû faire alors ? Ou bien supporter l'idée que son amie serait un peu « froissée » de son refus... et que c'est comme ça !... Ou bien choisir (j'ai bien dit « choisir ») de dire « oui » à son amie, juste pour lui faire plaisir.

On peut – on doit ? – se poser la question de savoir s'il est approprié de dire « non », selon le contexte.

Est-il approprié, par exemple, de dire à quelqu'un que l'on n'est pas d'accord sur ce qu'il a fait ou dit devant tout le monde ?

Ainsi Rodolphe qui « épingle » sa sœur, en plein repas de famille, lui reprochant d'avoir puni son fils alors qu'elle le gardait un week-end, déclenchant ainsi une dispute générale... et s'étonnant que tout le monde s'en mêle ?

Ne vaut-il pas mieux, dans ce cas, ne rien dire et lui manifester notre désaccord en privé ?

Nos « non » doivent donc être adaptés à la situation et nous devons être prêts à supporter ce que nous allons déclencher en disant « non ». En un mot, il faut être cohérent face à l'autre qui saura qu'il a là, devant lui, un véritable interlocuteur.

Car on respecte la personne qui sait dire « non ». Ses « oui » sont donc des vrais « oui ». Ils ont une valeur réelle. Ce sont des « oui » de choix. Ce ne sont pas des « oui » parce qu'elle ne sait pas dire « non ».

Osons dire « non » à bon escient. C'est promis, le ciel ne nous tombera pas sur la tête ! Mieux, on ne nous en aimera pas moins et on nous en respectera davantage.

S'adapter... jusqu'où ?

> « Notre grand et glorieux chef-d'œuvre, c'est vivre à propos. »
>
> Michel de MONTAIGNE

Si nous sommes ici, aujourd'hui, c'est que depuis l'origine des temps nous avons su nous adapter à notre environnement. Merci donc à M. Cro-Magnon qui, déjà, savait ajuster son comportement de façon que les éléments extérieurs lui soient moins hostiles. Sans cette adaptation permanente, il n'y aurait pas eu de survie possible... Et nous ne serions pas là à deviser tranquillement.

De nos jours, et dans nos sociétés privilégiées, nous n'avons plus à lutter pour notre vie. Plus besoin de nous transformer en prédateurs pour aller chercher notre nourriture, de tuer un ours pour nous tailler une pelisse qui nous fera passer chaudement l'hiver.

Est-ce à dire que, maintenant que le gros du travail a été fait par nos lointains ancêtres, nous n'ayons plus à nous adapter au quotidien? Que nenni! Comme on va le voir, l'adaptation reste la condition *sine qua non* à la conduite satisfaisante de nos vies.

L'adaptation à l'environnement est, en effet, essentielle. (Précisons qu'environnement signifie ici, non seulement le cadre dans lequel nous évoluons, mais aussi les personnes qui nous entourent.)

On comprend aisément qu'il faudra nous munir d'un imperméable ou d'un parapluie si le ciel menace.

On comprend également que nous n'irons pas à un match de rugby vêtus de la même manière que pour un cocktail.

Nous choisirons nos accessoires et notre garde-robe en fonction de la situation et nous nous conformerons aux codes en usage, tout comme le faisaient M. et Mme Cro-Magnon qui ne devaient pas porter de peaux de bêtes au plus fort de l'été.

Un peu plus compliqué est d'appréhender la juste appréciation de l'adaptation à l'autre.

Maria, 26 ans, rencontre force déboires dans sa relation aux autres qu'elle décrit comme catastrophique. « *Tout le monde me jette,* dit-elle. *Je n'y comprends rien.* »

Et de décrire les mésaventures qui lui arrivent tant sur le plan privé que sur le plan professionnel.

Quand on l'écoute, il apparaît clairement que Maria a une grande difficulté à varier ses comportements, ses attitudes, ses paroles en fonction de l'environnement dans lequel elle se trouve. Dans toutes les situations, Maria a un comportement unique : elle est péremptoire et flirte souvent avec l'agressivité.

Elle parle de la même façon à son patron, à sa mère, à son copain ou aux forces de l'ordre (avec lesquelles elle a quelques démêlés, d'ailleurs).

Ecoutons-la. Un matin, elle arrive très en retard à son bureau. Son patron, agacé, lui en fait la remarque. Elle, qui avait une raison tout à fait valable d'être en retard (une panne de RER), aboie littéralement sur son patron : « *Je n'y peux rien, moi, je ne travaille pas à la RATP... Vous n'avez qu'à leur téléphoner !...* »

Alors qu'elle pouvait fort bien expliquer calmement un retard justifié, Maria se met dans son tort par sa façon de s'exprimer.

Lors de son entretien annuel, son patron lui reprochera ses attitudes déplacées dans un cadre professionnel.

Maria ne s'adapte pas à son interlocuteur.

« *Oui, mais c'est ma personnalité. Les gens doivent me prendre comme je suis.* »

Soit. Mais il faut alors qu'elle admette qu'ils aient, aussi la liberté de ne pas la prendre... Et c'est ce qu'ils font.

Maria a tort... et Maria a raison.

Tort, quand elle dit que les gens doivent la prendre telle qu'elle est. Pourquoi faudrait-il supporter le comportement de quelqu'un qui nous dérange ? Pourquoi en serait-il ainsi et au nom de quoi ?

Mais Maria a raison quand elle dit que sa personnalité est ainsi et qu'elle ne peut pas en changer sans arrêt en fonction de son interlocuteur.

Maria agit instinctivement : elle assène ce qu'elle a à dire, comme M. ou Mme Cro-Magnon pouvaient asséner des coups de gourdin pour convaincre un récalcitrant.

De nos jours, ce n'est pas la meilleure façon de communiquer, on en conviendra aisément.

C'est donc là qu'intervient l'adaptation. Toute la difficulté tient dans le fait qu'il va falloir trouver un comportement acceptable par l'autre – ou répondre à celui imposé par le contexte social – sans pour autant abdiquer ce que l'on est intrinsèquement.

Trouver le bon ajustement tout en respectant qui nous sommes. Faire un pas vers l'autre après avoir déposé son gourdin, en quelque sorte.

Cyril, quant à lui, n'a aucune difficulté à s'adapter. Toujours disponible, souriant, serviable, il fait le bonheur de ses amis et de son employeur. Un dossier à traiter en catastrophe ? Pas de souci ! On sait qu'en le donnant à Cyril, il sera prêt dans les temps... Pour Cyril, rien n'est grave : il trouve parfaitement normal de répondre à toutes les demandes.

Cyril est donc l'ami en or, le collègue parfait, l'employé modèle, une sorte d'abbé Pierre du quotidien qui fait le bonheur de tous.

Sauf que... Cyril, manifestement, n'en peut plus. Il sent bien qu'il y a quelque chose qui cloche dans son comportement. Quand vous l'écoutez, vous vous apercevez qu'il ne sait pas vraiment ce qu'il veut et qu'il est incapable d'exprimer le moindre désir personnel. Normal, ses propres désirs – en admettant qu'il en ait – sont enfouis sous les demandes des autres qu'il s'empresse de satisfaire, comme s'il accumulait les tickets pour aller directement au ciel, le moment venu.

« *Vous n'aimeriez pas changer de travail ?* lui demandai-je un jour qu'il remettait en cause son orientation professionnelle.

– *Si, mais mon frère dit que...* »

Un autre jour :

« *Je ne veux pas d'un deuxième enfant, mais ma sœur me dit que c'est mauvais de n'avoir qu'un enfant...*

– *Mais vous, Cyril, qu'en pensez-vous ?* »

Rien, Cyril n'en pense rien. Il a tellement pris l'habitude de fonctionner à travers les autres qu'il ne sait plus penser par lui-même. Cyril vit par procuration et n'a aucune conscience de ce dysfonctionnement.

A l'inverse de Maria, Cyril va au-delà de l'adaptation souhaitable : Cyril se « sur-adapte » en permanence. Il perd progressivement son identité pour se fondre dans celle de l'autre, de tous les autres, au nom de je ne sais quelle nécessité qu'il a du mal à expliquer.

Le dysfonctionnement de Maria et de Cyril – pourtant à l'opposé – les conduit tous les deux au même résultat : une certaine incapacité à entrer véritablement en contact avec l'autre. Le coup de gourdin ou le dévouement permanent (non choisi) n'étant pas les meilleurs outils pour communiquer.

Maria, par manque d'adaptation, impose son moi à son interlocuteur au risque de couper la communication.

Cyril, par sur-adaptation, se perd dans l'autre, s'oubliant jusqu'à ne plus savoir qui il est.

Or, pour établir un vrai contact avec autrui, il faut trouver l'espace commun sur lequel nous allons pouvoir nous rencontrer. Il faut deux personnes distinctes qui cherchent à aller l'une vers l'autre. Ce que ne fait pas Maria.

Dans le cas de Cyril, le contact n'est pas plus réel puisqu'il n'y a pas deux personnes distinctes en face l'une de l'autre, Cyril se fondant dans le désir de son partenaire dans un état fusionnel permanent.

Même si le comportement de Cyril est bien mieux admis socialement que celui de Maria, il est tout aussi dangereux.

Je dirais même que Cyril va avoir plus de difficultés que Maria à résoudre son problème.

Maria comprend en effet assez vite qu'elle ne peut pas continuer à se déplacer en donnant des coups de gourdin de-ci, de-là, parce qu'elle est « comme ça »... et se plaindre que les gens la rejettent. La prise de conscience du lien qui existe entre son comportement et les conséquences de celui-ci est assez rapide.

Le cas de Cyril est plus délicat. Comment faire admettre à quelqu'un qu'il n'est pas toujours souhaitable d'être bon, disponible et serviable ?

« *Vous voudriez que je devienne égoïste ?* »

Non, bien sûr que non. Il va falloir expliquer à Cyril qu'il doit trouver la bonne distance entre lui et les autres. Que ses « oui » doivent être des choix et non des réflexes. Qu'il doit cesser d'être de la pâte à modeler entre les mains d'autrui. Qu'il doit travailler à être plus « consistant »... ou alors qu'il en fasse métier ! (La dévotion à l'autre comme métier, pourquoi pas ?)

Pour illustrer le concept d'adaptation maximale sans renier intrinsèquement qui nous sommes, prenons un exemple simple : imaginons que vous ayez une position très marquée concernant, disons, le mariage. Les circonstances font que vous vous trouvez à en discuter successivement avec votre mère, votre mari ou votre femme, vos enfants, au bureau, lors d'une réunion entre amis, etc... Vous avez une opinion claire. Elle fait partie de vos convictions. Vous y tenez et vous êtes prêt à la défendre.

Si vous voulez vous faire entendre par vos différents auditoires, vous n'allez pas vous y prendre de la même manière. Vous allez adapter votre vocabulaire, vos postures, votre voix même en fonction des personnes qui seront devant vous. Ce que vous montrerez de vous sera différent mais le message transmis restera le même. Vous allez vous efforcer d'énoncer ce que vous pensez de façon acceptable pour la plupart.

Pour dire les choses autrement, vous ne vendrez pas une voiture en utilisant le même vocabulaire que vous la vendiez à votre mère, à votre voisin, au garagiste ou à l'un de vos enfants. Vous développerez des arguments vrais mais différents. (A supposer que vous soyez honnête, bien sûr !)

Pour vraiment faire entendre son point de vue, on évitera donc de se comporter comme Maria en agressant son entourage ou comme Cyril qui a bien du mal à avoir une opinion et à la soutenir quand il en a une.

Attention, donc, à l'unicité de nos réponses face à des situations différentes. Ayons toujours à l'esprit que le contact ne pourra s'établir que si nous cherchons le terrain commun sur lequel nous allons pouvoir nous rencontrer.

Un comportement monolithique (dans un sens comme dans l'autre) ne peut pas être la réponse pour une bonne qualité de contact.

Adaptation donc. Indispensable pour appréhender son environnement de façon satisfaisante en veillant scrupuleusement à ne se pas trahir. Rangeons les gourdins et ne collectionnons pas trop les tickets pour le paradis... Les uns et les autres sont peut-être périmés !

VI

ARRÊTEZ DE VOUS METTRE AU MILIEU DE TOUT !

« Si l'homme était parfait, il serait Dieu. »

VOLTAIRE

Moi, mégalo ?

> « On aime mieux dire du mal de soi-même que de n'en point parler. »
>
> François de La Rochefoucauld

• « *De toute façon, je n'ai pas su transmettre le goût de l'effort à mon fils. Résultat, il ne fait rien à l'école.* »

• « *Cela fait trois jours que mon patron ne desserre pas les dents. Qu'est-ce que j'ai bien pu faire ?* »

• « *Pascal est tiède avec moi depuis quelque temps... J'ai l'impression que je ne l'attire plus.* »

• « *Si je ne m'en mêle pas, ça va rester comme ça je ne sais combien de temps.* »

Culpabilité, parano, projections massives... Voici ce que l'on évoque, en premier, quand on entend ce genre de propos.

Si ces éléments font bien sûr partie des commentaires que l'on peut faire, il en est un, beaucoup moins visible, qui manque à l'appel. J'ai nommé : la mégalomanie.

La manifestation de la mégalomanie la plus connue est celle qui s'exprime par le désir de gloire, de puissance, une sorte de « folie des grandeurs », une suprématie sur tout et tout le monde que l'on souhaite ou que l'on croit posséder. Le JE, le MOI tiennent le devant de la scène. C'est MOI le plus beau, le plus fort, le plus intelligent et JE vais faire de grandes choses.

Mais il est une manifestation plus insidieuse de la mégalomanie qui s'insinue, habilement masquée, dans beaucoup de nos comportements. C'est celle qui consiste à se mettre au centre de tout, à se rendre coupable ou responsable de tout.

• *Mon fils ne fait rien en classe → c'est ma faute. Je n'ai pas su lui inculquer le sens de l'effort.*

• *Mon patron ne desserre pas les dents → c'est ma faute. J'ai dû faire quelque chose qui le fâche.*

• *Mon mari paraît distant → c'est ma faute. Je ne lui plais plus.*

• *Les choses n'avancent pas comme il le faudrait → c'est de ma responsabilité de les faire avancer.*

Moi... Je... Je... Moi... JE suis au centre. JE suis coupable, responsable. Personne d'autre. Ou si je concède qu'il peut y avoir une autre personne en cause, la cause principale, c'est MOI.

Eh bien, ce comportement est bel et bien une forme de mégalomanie. Tout prendre sur soi, se mettre toujours au centre de tout revient, en quelque sorte, à se prendre pour le nombril du monde, autour duquel tout notre environnement tourne ou doit tourner.

C'est aussi la sensation de pouvoir tout contrôler, tout maîtriser autour de soi puisque tout passe par soi. (Pouvoir illusoire s'il en est : le seul pouvoir que nous ayons, c'est sur nous-mêmes et même celui-là, il n'est pas toujours évident de l'exercer !)

Comme vous pouvez l'imaginer, je ne fais pas à proprement parler un tabac quand j'aborde cet aspect des choses avec mes patients.

« *Mais comment pouvez-vous dire que je ne pense qu'à moi quand, au contraire, je prends la responsabilité de tout ?* »

Et pourtant si. Je persiste et je signe : est atteinte d'une forme de mégalomanie toute personne qui ramène tout à elle.

Pour reprendre les exemples cités plus haut, quand je prends tout sur moi, j'oublie que mon fils a un père, des professeurs, des grands-parents, que mon patron peut avoir des soucis personnels, que mon mari est peut-être soucieux pour son travail, et que d'autres que moi peuvent faire avancer les choses.

Quand j'agis comme cela, j'oublie, tout simplement, d'inclure dans mon raisonnement l'environnement propre de l'autre : je pense que je suis au centre de ses préoccupations. Or, bien évidemment, c'est le plus souvent faux.

Si le premier réflexe est de prendre toute la responsabilité sur soi, il va falloir réagir et replacer le problème dans son contexte global.

• *Mon fils ne travaille pas bien en classe ? J'essaie de parler avec lui en présence de son père.*

• *Mon mari paraît distant ? Je lui demande s'il a des soucis et s'il veut qu'on en parle.*

• *Mon patron ne desserre pas les dents ? Je fais le pari (!) que s'il a quelque chose à me reprocher, il saura me le dire.*

• *C'est encore moi qui dois me « coller » à cette tâche ? Je me demande qui m'a désigné. Personne ? Alors j'attends que quelqu'un d'autre en prenne la responsabilité ou je suscite une action collective.*

Arrêtons donc de nous placer au centre de tout. Nous ne sommes pas responsables de tout et de tout le monde. Rendons à César ce qui appartient à César, ou, à tout le moins, partageons les responsabilités avec tous les acteurs concernés.

Soyons un peu plus modestes : le monde, la famille, le bureau, nos amis, peuvent fonctionner sans nous. Si, si, essayez... Vous verrez. Cela vous fera des vacances...

Je ne suis pas le mètre étalon du monde...

« S'il fallait tolérer aux autres tout ce qu'on se permet à soi-même, la vie ne serait plus tenable. »

Georges COURTELINE

Je suis toujours frappée par la candeur de certains propos qui dénotent, quand on s'y penche deux minutes (pas plus !), un aspect assez naïf du caractère des personnes qui en sont les auteurs. Ecoutons-les :

- « *C'est toujours moi qui appelle...* »
- « *Cela fait trois fois que je l'invite et lui jamais...* »
- « *Moi, quand quelque chose ne va pas, j'en parle. Elle, elle fait la tête...* »
- « *J'ai fait comme pour moi...* »

C'est comme si la personne qui parlait se prenait implicitement comme référent de base.

Je suis comme ça, j'agis comme ça et je m'étonne (au mieux) ou je n'admets ou ne comprends pas (au pire) que l'autre n'agisse pas comme moi.

L'autre, ici, est pris comme miroir. Si le miroir ne me renvoie pas mon image, mon fonctionnement, mes désirs, je m'étonne, je m'agace.

En fait, je ne vois pas l'autre. L'autre n'existe pas en tant qu'individu distinct. Dès qu'il me renvoie une image par trop différente de la mienne, je traduis qu'il m'est hostile et je ne peux pas l'inclure dans mon champ relationnel.

Prenons le : « *C'est toujours moi qui appelle* », mille fois entendu :

- Soit la personne n'a pas envie d'appeler.
- Soit elle n'a pas le même rapport que vous avec le téléphone.

Or, de ces deux hypothèse pourtant simplissimes à formuler, il n'y a que la première qui émerge le plus souvent.

Pourquoi ? Pourquoi a-t-on tant de mal à penser, à imaginer que l'autre puisse avoir un fonctionnement autre que le sien propre ?

Parce que l'on se prend pour le référent. Quand on fonctionne de cette façon, on énonce, implicitement, dans cet exemple : « Je suis à l'aise avec le téléphone et j'appelle souvent ceux que j'aime → donc quand on aime, on appelle → ceux qui n'appellent pas ne m'aiment pas. »

Même chose pour l'exemple : « *Moi, quand quelque chose ne va pas, j'en parle. Elle, elle fait la tête.* »

Si je pars du principe que ma façon de fonctionner est la norme, je pense que la personne qui ne va pas s'exprimer quand elle est contrariée dysfonctionne.

Or, s'il paraît assez judicieux d'énoncer ce qui préoccupe, encore faut-il pouvoir le faire. Les gens ne réagissent pas de la même manière face à des situations identiques.

Là encore, l'autre est à prendre avec sa différence.

Ce qu'il faut comprendre, à travers ces exemples et à travers tous ceux que vous pouvez appeler à votre mémoire, c'est que nous ne fonctionnons pas obligatoirement sur le même registre que l'autre. Tout va dépendre de notre histoire personnelle et de la manière dont nous l'avons digérée.

Si j'ai été traqué par ma mère ou mon père au téléphone pendant toute ma jeunesse, il y a gros à parier que je fasse un certain blocage avec ce mode de communication.

Si mes parents m'imposaient toujours le silence quand je tentais de m'exprimer, je vais soit parler tout le temps et soûler tout le monde, soit avoir du mal à m'exprimer.

Nous ne sommes pas des clones et nous ne devons pas attendre de l'autre qu'il fonctionne exactement sur le même registre que le nôtre.

Je me souviens de ce patient qui me racontait son embarras face aux attentions et aux cadeaux de l'élue de son cœur :

« *Je ne sais pas faire les cadeaux... Ça me paralyse... Je suis gêné... Elle m'en fait tout le temps...* »

J'ai eu du mal à lui faire admettre que c'était sa façon à elle de lui montrer son amour et que lui en avait une autre qui avait tout autant de valeur. (Il lui fait des compliments, lui montre une grande tendresse, est toujours disponible pour elle...)

C'est comme s'il fallait absolument que l'autre fonctionne comme nous pour avoir une relation satisfaisante avec lui.

Bien évidemment, il est plus facile d'avoir des relations avec quelqu'un qui a un registre d'échange proche du nôtre.

Mais il est tout aussi possible d'entretenir des relations avec des personnes qui fonctionnent différemment de nous. C'est moins confortable mais tout aussi passionnant.

A nous de voir, une fois le dialogue établi, si nous pouvons accepter le comportement de l'autre. Si ce que l'autre nous propose est envisageable pour nous, même si cela n'est pas l'idéal. A nous de voir où se situent nos limites.

Rappelons-nous que nous ne sommes pas les mètres étalon du monde auxquels tout l'univers doit se référer !

… Ni le bras droit de Dieu

« Si l'on sait exactement ce qu'on va faire, à quoi bon le faire ? »

Pablo PICASSO

Alors que le goût du travail bien fait est le meilleur moteur qui soit, la recherche de la perfection peut être le plus grand frein à la réalisation.

Comment ? allez-vous me dire. Exécuter une tâche à la perfection n'est-il pas un incitateur puissant pour avancer ?

Non, pas toujours.

D'abord, notre idée de la perfection nous est personnelle. Là encore, il faut admettre que nous ne détenons aucune vérité applicable à tout le monde. Nous devons impérativement intégrer cette notion, sinon, gare aux malentendus. On a tous entendu de petites phrases telles que : « Comment ! Je lui ai fourni un travail parfait et il/elle n'avait pas l'air content ! »

Ecoutons Julie nous raconter une anecdote :

« Ma mère me demande un dimanche midi de mettre le couvert en grand apparat puisque nous devions recevoir les futurs beaux-parents de mon frère. Nappe brodée, argenterie, tout était magnifique. La table était parfaite. Ma mère entre et pousse un cri... Catastrophe ! J'avais mis les fourchettes pointes en bas et elle les voulait pointes en haut !... C'est là que j'ai compris que sa perfection n'était pas la mienne ! »

Retenons donc que notre idée de la perfection est relative et non absolue.

Ensuite, je me dois de rappeler ici quelque chose qui paraît assez évident : nous ne sommes pas Dieu, pas même son bras droit. (Dieu étant ici le symbole d'une instance supérieure, quelle que soit sa croyance.)

Nous ne sommes que des humains et notre humanité nous met très loin de la perfection. Nous sommes des hommes, donc nous sommes faillibles et nous ne sommes pas tenus d'atteindre la perfection à chaque fois que nous nous lançons dans une entreprise.

Une fois ceci posé, voyons comment fonctionnent les personnes atteintes de ce syndrome de perfection.

Alexandre, 24 ans, n'est jamais satisfait de ce qu'il entreprend et hésite sempiternellement avant de se lancer dans quoi que ce soit. Il a le projet de dessiner une console et de la fabriquer lui-même.

« *Si je ne suis pas sûr de pouvoir le faire parfaitement, je ne le fais pas.*

– *Le faire parfaitement, c'est quoi, pour vous ?*

– *Eh bien, je veux le même rendu que le modèle que j'ai vu dans...* (il me montre la revue).

– *Donc, si vous n'êtes pas sûr d'obtenir ce résultat, vous ne le faites pas ?*

– *Non, ça ne m'intéresse pas.* »

Outre le fait qu'il ne peut pas savoir s'il parviendra à son but avant de l'avoir entrepris, on est frappé de voir dans quelle contrainte de perfection Alexandre s'enferme. C'est comme s'il se mettait des bâtons dans les roues pour ne pas passer à l'action. Le projet est ambitieux et, au lieu d'étudier un projet un peu plus réaliste compte tenu de son savoir-faire, il va le laisser tomber.

Il ne s'agit ici que d'une console. Mais si Alexandre a ce type de comportement dans une situation somme toute banale, l'exploration montre qu'il réagit de cette façon dans nombre d'occasions.

L'humanitaire le tente... Oui mais il veut avoir les moyens de Bernard Kouchner sinon cela ne vaut pas la peine. Il veut apprendre la guitare mais l'idée qu'il puisse ne pas être doué le paralyse. Il veut offrir une croisière à sa mère pour ses 50 ans, mais il se rend compte qu'il n'aura pas le budget et toute idée de cadeau l'abandonne.

Un autre exemple, celui de Stéphanie :

*« Je n'arrive jamais à finir à temps... Quoi que je fasse, je suis tout le temps en retard. Marc (*son mari*) est dans la voiture et m'attend depuis dix minutes parce que je passe la serpillière dans la cuisine... Je ne peux pas sortir avec l'idée que tout ne soit pas impeccable... Au bureau, c'est pareil. Quand je travaille sur un dossier, je ne peux pas m'arrêter... Il y a toujours un truc qui manque, quelque chose que je peux améliorer, modifier... Résultat, je me fais régulièrement « coincer » parce que je remets mon rapport en retard. A chaque fois, c'est pareil. J'ai envie que ce soit parfait... Ça m'a joué des tours, pourtant... L'agence a perdu un client par ma faute... Ça faisait deux fois que je me plantais dans les délais et il ne l'a pas supporté... »*

Ce « je veux que tout soit parfait sinon je ne veux rien » va bloquer toute action, annihiler tout désir. Cette contrainte que l'on s'impose est un formidable frein à la réalisation, à l'initiative.

Il ne n'agit pas de prôner la mollesse ou le laisser-aller. Faire de son mieux est, dans bien des situations, la moindre des choses. Mais faire de son mieux n'est pas vouloir que tout soit parfait.

Prenons des initiatives, lançons-nous dans des tâches sans jamais oublier que certaines ne nous demandent pas de pousser nos limites à l'extrême.

Vouloir que tout ce que l'on entreprend soit parfait est non seulement irréaliste mais épuisant ! Là encore, une saine hiérarchisation des choses semble nécessaire.

N'oublions pas notre humanité, un état qui, par définition, nous rend faillibles. Non, nous ne sommes pas Dieu, ni même Son bras droit...

VII

PACIFIEZ VOTRE PASSÉ !

« Le présent serait plein de tous les avenirs, si le passé n'y projetait déjà une histoire. »

André GIDE

Vos parents sont... vos parents !

« Ce qui me lie à eux, c'est d'avoir rompu avec eux. »

Richard Bean

Il faudrait un livre entier pour couvrir tout ce qu'il y aurait à dire sur la relation que nous entretenons avec nos parents.

Je vais simplement essayer ici d'aborder deux ou trois idées ou situations qui sont parmi celles que je rencontre le plus souvent.

Tout d'abord, ceci : les parents qui n'aiment pas leurs enfants sont RARISSIMES. S'il arrive que les parents aient fait du mal à leurs enfants, c'est, le plus souvent, par ignorance, blocages, peurs... Rarement de façon délibérée.

Il n'empêche que l'enfance laisse des traces plus ou moins conséquentes chez l'adulte que nous sommes, et il faut bien le reconnaître, certains s'en sortent mieux que d'autres.

→ *D'abord, il y a ceux dont les parents – ou substituts de parents – ont suffisamment rempli le « sac à dos » d'amour et de respect pour qu'ils poursuivent sans trop d'encombres leur chemin.*

→ *Il y a aussi ceux qui rencontrent des difficultés dans leur quotidien et qui, à force de réflexion et d'introspection personnelles, arrivent à identifier ce qui dysfonctionne dans leur vie. Ils effectuent, seuls, ce travail de mise à distance d'un passé qui fait encore incursion dans leur vie, et parviennent à reprendre les rênes de leur existence.*

→ *Il y a ceux, enfin, qui n'arrivent pas à comprendre ce qui « cloche » et qui se trouvent confrontés à la situation d'en vouloir au monde entier... de souffrir sans savoir pourquoi... de se mettre dans la situation de répéter toujours les mêmes erreurs.*

Dans ce dernier cas, je crains bien de dire qu'il n'y a pas beaucoup d'autres solutions... que d'aller consulter !

Quand on ignore d'où viennent nos dysfonctionnements, on se condamne, entre autres choses, à les rejouer, encore et encore. Mieux vaut donc prendre le taureau par les cornes et aller sonner chez un psychothérapeute qui va nous aider à faire les liens nécessaires et à dénouer les nœuds de notre histoire.

Que disent alors ces patients quand ils arrivent ? De quoi souffrent-ils ?

Certains le savent et le travail de psychothérapie peut commencer assez vite.

Ainsi Jeanne qui arrive dans mon cabinet avec une rage froide contre son père, rage qu'elle entretient avec soin depuis plusieurs années. Avec elle, j'entre très vite dans le vif du sujet.

D'autres l'ignorent. Il va falloir chercher avec eux d'où vient leur mal-être.

Ainsi Benjamin qui semble soulagé de trouver des explications à des comportements qu'il reproduit sans comprendre pourquoi, comme ses échecs répétés au concours d'entrée à l'ENA.

D'autres non seulement l'ignorent, mais résistent de toutes leurs forces à l'idée que leurs parents aient pu, à certains moments de leur existence, être insuffisants (au mieux), néfastes ou destructeurs (au pire).

Ainsi Irène qui annonce, dès la toute première séance :

« *Je viens ici parce que ça ne va pas, mais je vous préviens, je ne veux pas qu'on touche à mes parents !* »

Et qui se met – et me met – ainsi dans une double contrainte difficilement acceptable.

Car le travail de thérapie ne peut se faire sans un passage – j'insiste sur ce mot de « passage » – où l'on met ses parents en cause.

Ecoutons Jeanne :

« *Avec mon père, c'était la loterie. Quand je rentrais le soir, il était souvent là parce qu'il se faisait un devoir d'être très présent auprès de ses enfants. Certains jours, tout se passait bien. Il était drôle et nous faisait rire, mes frères et moi. Mais d'autres fois, c'était l'enfer. Dès que je passais le seuil de la maison, je savais... Je sentais son humeur planer et je savais que la soirée serait dure, soit pour moi, soit pour mes frères, soit pour ma mère, soit pour nous tous. J'ai mis longtemps à comprendre qu'il buvait.* »

Jeanne, aujourd'hui, se méfie des hommes qui la font rire. Elle s'en écarte instinctivement comme si elle se demandait, à chaque fois, ce qu'ils cachent.

Paradoxe – apparent seulement –, elle n'a vécu d'histoires qu'avec des hommes plutôt violents qui l'ont fait vivre dans le même état d'insécurité que celui de son enfance.

Alors, comment faire avec son histoire ? Jeanne comprend bien le lien qui existe entre ce qu'elle a vécu dans son enfance et la difficulté qu'elle rencontre avec les hommes, aujourd'hui.

« *C'est un salaud,* sanglote-t-elle. *Il m'a bousillée... Si je pouvais, j'irais lui casser la figure.* »

Peut-être cela la soulagerait-il, sur le coup. Mais après ? Serait-elle pour autant sortie d'affaire ?

Non, bien sûr.

C'est là que l'espace thérapeutique prend toute son évidente utilité.

Dans le cas de Jeanne, nous allons, au cours de longues séances, explorer les situations de souffrance qu'elle a vécues pendant toute son enfance et son adolescence. Je vais l'inviter à répéter, répéter son histoire et accueillir toute la gamme des sentiments (colère, chagrin, désespoir, rancune...) qui accompagne ces souvenirs douloureux.

Et c'est après, après seulement, qu'elle aura fait l'inventaire de tout ce contentieux, vidé la rage et épuisé le chagrin qu'elle pourra enfin se mettre au volant de sa vie au lieu de laisser son père la conduire, car c'est bien ce qu'elle fait quand elle ne fait confiance à aucun homme aujourd'hui.

Benjamin, quant à lui, sera très étonné quand il comprendra que ses échecs successifs à l'ENA viennent de ce qu'il ne s'est pas autorisé à dépasser son père qui, lui, a échoué une fois et n'a jamais intégré la prestigieuse école.

« *Vous croyez vraiment que c'est ça ?...* »

A peine a-t-il posé la question que reviennent à sa mémoire, les silences ou les réflexions de son père à la publication des résultats du concours : « Je ne vois vraiment pas pourquoi tu t'acharnes...

Regarde, j'ai bien réussi à faire une carrière sans ce p... d'examen, moi ! », cela répété à l'envi.

Le travail que j'entreprends avec lui tourne autour de la légitimité. Légitimité d'être différent de son père (pourquoi avoir entrepris ce type d'études ?), légitimité de prendre sa propre place au sein de sa famille, légitimité d'exister sur le plan social différemment de son père.

Nous en sommes là aujourd'hui. Benjamin confirme son véritable goût pour ce type d'études. Le travail de différenciation avec le père semble en bonne voie. Parions donc sur son succès au prochain concours !

Quant à Irène, elle arrive avec une demande dont elle n'a pas conscience qu'elle est parfaitement contradictoire : elle veut aller mieux (elle n'arrive pas à mener de relations avec un homme au-delà de deux mois et demi) mais elle ne veut pas qu'on touche à ses parents, car, dit-elle :

« *Il ne m'est rien arrivé de marquant dans mon enfance.* »

Avec ce type de patients, le travail devra se faire par touches successives, comme dans une spirale inversée où l'on commencerait vers le bord extérieur pour arriver tout doucement au centre.

Quand je m'approche d'un peu trop près du sujet « parents », elle sort, en effet, ses griffes :

« Mes parents ont tout fait pour moi. Encore aujourd'hui (elle a 32 ans), *je sais que je peux compter sur ma mère. Elle m'appelle tous les jours. On discute. Elle est présente, quoi. Mon père, c'est pareil. Je n'ai vraiment rien à leur reprocher. »*

Oui, oui, oui... Pourtant, au fil des mois, j'entreprends des travaux d'approche de plus en plus précis. Je relève certaines remarques :

« J'ai eu des terreurs nocturnes jusqu'à 12, 13 ans... C'était pénible. »

« Mes parents n'auraient jamais admis que j'aille en colonie. »

« Je ne sais pas pourquoi, mais il n'y avait jamais personne à la maison. Mes parents ne recevaient jamais. »

« Ma mère n'aimait pas que j'invite des copines et elle ne me laissait pas aller dormir chez elles. Alors, pour me consoler, elle m'emmenait au cinéma, c'était chouette quand même. »

Je suis de l'avis d'Irène : il ne lui est rien arrivé de spectaculaire. Pas de drame identifié. Pas de catastrophe familiale.

Je vais, tout doucement, lui faire comprendre que ce dont elle souffre, c'est d'un trop-plein d'amour. Un amour étouffant qui l'a empêchée de grandir et d'aller vers l'autonomie indispensable pour devenir adulte.

Un amour qui, aujourd'hui encore, fait intrusion dans sa vie (le coup de fil quotidien !) et la ligote chaque jour davantage à eux. Dans la vie d'Irène, il n'y a pas de place pour un autre amour que celui que lui donnent ses parents.

La problématique d'Irène va être longue à résoudre tant il est vrai qu'il est parfois difficile de mettre au jour les traumatismes liés au « trop d'amour ». L'amour dévorant, « l'amour cannibale » comme il m'arrive de désigner cet excès, qu'il soit vécu avec ses parents, ses enfants ou son conjoint.

Entendons-nous bien quant au but de la thérapie : la thérapie n'est pas faite pour qu'au final, on haïsse ses parents. C'est même tout le contraire : il va falloir travailler pour pacifier ce passé encombrant.

Précisons que « pacifier » son passé ne signifie pas obligatoirement « pardonner ». On pardonne si l'on veut, si l'on peut. « Pacifier son passé » est pris ici dans le sens de « mise à distance ». Mon passé est pacifié quand je peux le regarder sans qu'il me fasse trop mal. Sans qu'il continue de faire intrusion dans ma vie d'aujourd'hui. Tant qu'on n'a pas fait la paix avec son passé, on ne peut pas mener sa vie librement et de façon satisfaisante. Un passé non réglé va vampiriser notre vie quotidienne. Sans passé pacifié, nous ne ferons que réagir aux événements de notre vie, alors que la moindre des choses est de pouvoir « agir » notre vie.

Illustrons cela par l'exemple de Jeanne : elle passe son temps à se tromper dans le choix de ses partenaires. Cela en réaction au rapport qu'elle a entretenu avec le premier homme de sa vie : son père. Il faut donc qu'elle se dégage de lui pour aller vers des hommes de son goût, qui correspondent à ce qu'elle attend. Il faut qu'elle débusque son désir et soit débarrassée de ses peurs.

Pour atteindre cet objectif, il va falloir l'amener à dépasser cette violence dirigée contre son père. Et c'est une fois qu'elle aura bien vidé tous ses souvenirs traumatiques et les sentiments qu'ils ont suscités que Jeanne pourra envisager de s'écarter un peu du chemin de rancune – légitime – qu'elle avait emprunté.

Est-ce que, pour autant, cela effacera les traces de ce qu'elle a subi ?

Non, bien évidemment. Mais cette mise à distance lui permettra de poser un autre regard sur son père. Elle pourra peut-être voir, derrière la montagne de violence qui lui brouillait la vue, un père qui a su, par moments, dispenser autre chose que des hurlements. Elle restaurera ainsi son image de l'homme et pourra enfin aller avec plus de confiance vers des hommes qui lui conviennent.

Benjamin, lui, va parvenir à considérer son père avec la distance nécessaire et comprendre petit à petit d'où vient son propre comportement. Il va réfléchir sur ce que sont ses vrais désirs, ses vrais choix. Remportant un succès à son concours, il franchira là l'étape qui va le dégager de l'emprise qu'avait son père sur lui.

Irène va apprendre l'autonomie. Faire le tri entre ce qu'il est bon de recevoir et ce qui est délétère. Un peu différemment des autres, elle devra passer par une longue phase de reconnaissance des préjudices subis. Viendra alors le moment où elle refusera tout ce qui est un obstacle grave à sa liberté. Elle aura ainsi fait de la place pour accueillir un autre type d'amour : celui d'un homme.

Réagir au lieu d'agir est le véritable danger qui nous guette si nous n'avons pas pacifié notre passé :

- *C'est José qui a refusé de faire des études en réaction à la pression de son père, polytechnicien.*

- *C'est Agnès qui refuse la maternité par peur de frapper ses enfants, comme sa mère l'a fait avec elle.*

- *C'est Nicole qui ne veut pas de l'homme qui la courtise parce qu'il est trop gentil et qu'un homme se doit d'avoir une main de fer, comme son père le lui a seriné pendant toute son enfance.*

Débarrassés – autant que faire se peut ! – ou, à tout le moins, allégés des interférences parentales, nous devrions être conduits à faire de vrais choix. Ceux qui correspondent à NOS désirs, à NOS envies, et non ceux en réaction à ou en reproduction de ce que nous avons vécu avec nos parents.

Nos parents... sont nos parents. Ils ont, le plus souvent, fait ce qu'ils ont pu. Compte tenu de ce qu'ils sont, et ce qu'ils sont est aussi le résultat de leur histoire passée. Cela n'excuse pas. Ni les manques, ni les souffrances, ni, bien sûr, les traumatismes. Cela explique.

A nous de faire le travail de deuil de l'enfance idéale que nous n'avons pas eue.

A nous de voir si nous désirons ramener sans cesse cette histoire d'enfance dans notre quotidien, ce qui reviendrait à dire que nous ne voulons pas nous en dégager et que nous acceptons d'en être, encore aujourd'hui, les victimes plus ou moins consentantes.

Respectez vos parents... s'ils sont respectables !

> « Les enfants commencent par aimer leur parents. En grandissant, ils les jugent, quelquefois, ils leur pardonnent. »
>
> Oscar WILDE

Dans ce qui précède, j'ai évoqué des cas qui, pour être douloureux, sont néanmoins plus ou moins réparables s'ils ne sont acceptables. Il en va différemment de cas extrêmes, tels que la maltraitance avérée, ou l'inceste, tous deux étant une atteinte à l'intégrité physique et psychique de ceux qui en sont les victimes. Dans ces cas, heureusement rares eux aussi, le travail de distanciation sera nécessaire et l'accompagnement thérapeutique vivement recommandé.

Nicolas, 41 ans, est venu me voir pour un malêtre diffus qu'il avait du mal à exprimer. Pendant de longues semaines, Nicolas ne m'a parlé de rien de marquant. Je commençais de soupçonner quelque chose de lourd dans son histoire, et j'attendais d'en avoir confirmation. Un événement inattendu allait lui permettre d'aborder enfin le vrai motif de sa démarche auprès de moi.

Nous étions convenus de nous voir tous les mercredis à 9 heures du matin et il honorait scrupuleusement ses rendez-vous. Or, un jour, il me téléphone pour annuler sa séance à cause d'une réunion imprévue et il me demande de lui fixer un autre rendez-vous. Je lui propose le mardi, à 19 heures. Je sens son hésitation au téléphone, mais il finit par accepter.

Le mardi 19 heures arrive. Ponctuel comme à son habitude, Nicolas sonne. J'ouvre la porte et je le fais entrer. Tout de suite, je me rends compte que quelque chose « cloche ». A peine assis, Nicolas est mal à l'aise. Il se retourne sans arrêt pour regarder par-dessus son épaule. Il transpire. Il regarde sa montre toutes les trois minutes.

Je lui demande ce qui lui arrive.

« Rien, rien... Enfin... C'est stupide, de ma part, mais j'ai horreur de cette heure-là...

– C'est pour cela que vous avez hésité, l'autre jour, au téléphone, quand je vous ai proposé de vous recevoir à 19 heures ?

– Euh... oui, probablement... »

Je le sens de plus en plus mal. Il me réclame un verre d'eau. Je le lui donne. Il semble se calmer un peu, mais son regard évite le mien alors que, d'habitude, il ne craint pas de le croiser. Après un long silence, je lui demande :

« Que s'est-il passé à 19 heures, quand vous étiez enfant ? »

Après un dernier coup d'œil par-dessus son épaule, Nicolas éclate en sanglots convulsifs qu'il tente de réprimer. Je l'invite, au contraire, à se laisser aller et à pleurer autant qu'il le veut. Quand il se calme, de longues minutes plus tard, voici ce qu'il me raconte :

« Le soir, je n'avais qu'une terreur : voir arriver l'heure du retour de mon père. Il rentrait toujours à la même heure : 19 h 15. Jamais plus tôt, jamais plus tard. A partir de sept heures moins le quart, je me collais à la fenêtre toutes les trois ou quatre minutes, alors que je savais que ce n'était pas maintenant... Assis à mon bureau, j'étais incapable de travailler. Je guettais le bruit de la BM sur le gravier.

« Quand il entrait, il jetait ses clés sur la console et cela me faisait comme une décharge électrique dans toute la colonne vertébrale. Ma mère était là et je l'entendais dire : " Oui, il est dans sa chambre, il travaille. " Quelquefois, il ne se passait rien. Mais certains soirs, dès que ma mère avait prononcé la phrase, j'entendais la voix de mon père m'appeler, en bas des escaliers : " Nicolas ! " C'était le moment de l'interrogatoire. Si j'avais eu le malheur d'avoir une

mauvaise note (que je ne pensais même pas lui cacher), il me disait : " Tu connais le tarif ? " Une fois qu'il m'avait corrigé (gifle, ceinturon, pompes, cela dépendait de son humeur...), il ajoutait : " Tu devrais avoir honte de me forcer à faire ça. " En plus de me terroriser, de me martyriser, il me culpabilisait. Et ça marchait ! J'avais vraiment l'impression d'être mauvais. Et pendant ces séances, je ne sais même pas encore aujourd'hui où était ma mère. »

Le travail que j'ai entrepris avec Nicolas a été douloureux. Pour lui, il n'a pas été question de se rapprocher de ce père qui l'avait tant fait souffrir. C'était par trop prématuré et c'était à lui de décider s'il voulait reprendre contact ou non. Il avait, en effet, coupé les ponts avec sa famille dès ses 18 ans, en quittant la maison et en se prenant en charge. Néanmoins, il culpabilisait. Il pensait être un « mauvais fils ».

« *C'est vrai que je n'étais pas un petit garçon facile... Il n'a pas eu de chance...* »

!!!!... Il a fallu faire comprendre à Nicolas qu'il y a certaines choses qu'on peut ne pas accepter, *a fortiori* pardonner, et qu'il pouvait légitimement couper les ponts avec son père sans se sentir coupable.

« *Oui... enfin, ce n'était pas très courageux de ma part de partir comme ça...* »

Je lui ai fait remarquer que lorsqu'on rencontre une bête féroce au coin d'un bois et que l'on n'a rien pour se défendre, mieux vaut se sauver à toutes jambes que d'essayer le dialogue ou la confrontation...

Lui, c'est ce qu'il a fait : dès qu'il l'a pu, il a fui un père tout-puissant et dangereux qui avait ébranlé dangereusement son équilibre psychique. Et c'est probablement ce qu'il fallait faire. C'était le bon sens même.

La victime, c'est l'enfant qu'il a été. Aujourd'hui, l'adulte qu'il est a le droit de lui en vouloir. Il a fallu qu'il admette que, pour reprendre son expression, c'était lui qui « n'avait pas eu de chance » d'avoir eu un tel père. Pas l'inverse. Que faire usage de violence sur plus petit que soi n'était rien d'autre que méprisable. Et qu'il n'était pas tenu de respecter ce père si peu respectable dans son rôle d'éducateur.

Des Nicolas, j'en ai régulièrement dans mon cabinet. Tous ne réagissent pas de la même manière. Certains, en effet, ont besoin de comprendre et d'entendre s'exprimer le parent qui leur a fait du mal (et, peut-être, celui qui ne les a pas protégés).

Nicolas a continué son chemin. Je l'ai invité à repérer toutes les intrusions de son histoire passée dans sa vie d'aujourd'hui, comme sa crainte irraisonnée de commettre des erreurs dans son travail, la dévalorisation constante à laquelle il se livre en présence de sa hiérarchie. Son incrédulité devant toute forme de compliment qu'on lui adresse. Ses colères contre sa femme quand il estime qu'elle a failli à son devoir de protection envers l'un de leurs enfants....

Après avoir exploré tout cela, il a pu renvoyer à César ce qui lui appartenait et, débarrassé de ces scories, réaliser que son père ou sa mère ne se cachait pas derrière chaque personne qu'il rencontrait.

L'autre violence extrême qui m'est régulièrement racontée, c'est l'inceste, cette insulte suprême faite à l'enfance. Pour en rendre compte, ici, je n'ai, hélas, que l'embarras du choix :

• *C'est Mélodie, 12 ans, qui a subi pendant cinq ans, les assauts de son frère au vu et su de toute la famille qui s'est tue.*

• *C'est Jérémy, 9 ans, qui a enduré les attouchements réguliers de sa grand-mère (oui, de sa grand-mère !) et qui n'en a jamais parlé à personne.*

• *C'est Margot, 6 ans, à qui le père demandait de prendre le sexe de son petit frère (4 ans) dans sa bouche « pour le calmer » (!).*

• *C'est Sandra, 7 ans, qui devait dormir dans le lit de son père, nu, dès que sa mère (hôtesse de l'air) n'était pas là, qui lui disait « après » qu'elle était sa « deuxième petite femme ».*

Ces ex-enfants meurtris ne réagissent pas tous de la même manière, là encore. Outre les dégâts psychologiques sans conteste que ces situations entraînent, les rapports au corps peuvent aussi en être gravement perturbés. Certains peuvent, en effet, avoir un problème de frontières, de limites qu'ils ne sauront pas faire respecter. Sans ce que j'appelle « contenant », ils auront, peut-être, tendance par la suite à laisser tout le monde leur faire n'importe quoi (cela peut aller jusqu'au viol).

Ils peuvent s'auto-maltraiter (scarifications, accidents à répétition, obésité, anorexie), négliger leur santé (ne pas entendre les signaux d'alarme que leur envoie leur corps... Il a si peu d'importance).

Pour ces accidentés de l'enfance, le travail de thérapie est long, douloureux. Il va consister, entre autres, à mettre en place la conscience de l'intégrité psychique et corporelle. Une intégrité menée à mal par ce qu'ils ont subi, mais qu'ils doivent impérativement reconstruire.

Apprendre à considérer leur corps comme une forteresse dont ils ont le pouvoir d'ouvrir les portes – car il va bien falloir les ouvrir, ces portes –, eux seuls, et personne d'autre.

Le risque est, en effet, double : ces ex-enfants meurtris, atteints dans leur intégrité psychique et corporelle, peuvent développer, devenus adultes, deux attitudes extrêmes face à autrui. Il y a ceux qui vont donner la clé de leur intimité à n'importe qui. Et ceux qui ne la donneront à personne.

Attitudes préjudiciables, l'une comme l'autre.

Maltraitance, inceste, attouchements ou viols par des personnes extérieures à la famille, il ne semble pas qu'il y ait d'issue efficace autre que la thérapie pour guérir de ces blessures. L'enfant saccagé n'a pas pu se construire ou s'est construit de travers.

En thérapie, nous allons donc donner un coup de pied dans les cubes qui tanguaient et reconstruire pièce à pièce quelque chose de solide et de libre. Et j'ai la conviction que cela ne peut se faire seul.

Il n'est pas question, pour ces enfants devenus adultes, d'oublier leur histoire. Ils ne le pourraient pas même s'ils le voulaient. La solution est de les amener à ce que ce pan de leur vie ne vienne pas parasiter leur quotidien.

C'est ce que, heureusement, beaucoup parviennent à faire, après un difficile mais victorieux travail de reconstruction.

Quant à pardonner, c'est une autre histoire que chacun doit traiter selon ses convictions ou ses possibilités.

Une chose est certaine, néanmoins : l'enfant maltraité n'est tenu de rien envers le parent défaillant tant il est vrai qu'on ne respecte... que ce qui est respectable.

Savoir fermer le livre

> « Tout ce qui était n'est plus ; tout ce qui sera n'est pas encore. Ne cherchez pas ailleurs le secret de nos maux. »
>
> Alfred de MUSSET

On l'a vu, les histoires d'enfance sont inégales, quelquefois injustes, d'autres positivement insupportables. Pourtant, il va bien falloir vivre avec ce passé qui est le nôtre. Vient alors la question :

« *Qu'est-ce que je fais, aujourd'hui, avec mon histoire d'hier ?* »

La manière dont nous allons répondre à cette question va conditionner toute notre vie.

Nous pouvons choisir – oui, j'ai bien dit « choisir » – de continuer à laisser le passé envahir notre quotidien et nous empêcher de piloter notre vie comme nous l'entendons. Nous serons alors ballottés d'un côté, de l'autre, d'une émotion à l'autre, sans jamais faire de vrais choix. Nous resterons dans un état de déresponsabilisation permanent, puisque, à l'arrière-plan, flottera toujours l'idée que *« ce n'est pas de ma faute, c'est parce que, quand j'étais enfant... »*.

C'est le système de Pauline qui justifie tous ses dysfonctionnements d'aujourd'hui par ce qui lui est arrivé dans son enfance (en l'occurrence, un désintérêt et un manque de soin manifestes de la part de sa mère).

Quand je lui fais remarquer qu'elle a peut-être une demande excessive d'attention, d'amour, d'égards vis-à-vis de son entourage, voici ce qu'elle me répond :

« Peut-être... Mais j'ai bien le droit de demander de l'amour... J'en ai eu si peu. C'est bien normal, non ? »

Oui et non, Pauline. On doit faire la différence entre « comprendre », qui est la première étape pour essayer de changer son propre comportement, et « justifier » ce qui fige le comportement et ne permet pas d'aller vers le changement souhaitable.

C'est ce que Jacques Lacan appelle « nourrir le symptôme » : je suis comme ça, mais ce n'est pas de ma faute, c'est parce que... Dans le cas de Pauline, c'est parce que sa mère ne s'est pas occupée d'elle.

Pauline va se retrouver devant un choix :

Soit elle continue de fonctionner ainsi et se cache derrière les carences de son enfance. Elle devra comprendre qu'en agissant de la sorte, elle se met dans la position de présenter à toutes les personnes de son entourage des factures qui ne leur sont pas adressées. Avec ses demandes excessives, Pauline leur dit, en fait : « Aimez-moi, occupez-vous de moi, pour combler ce que ma mère et mon père n'ont pas su me donner. » On comprend qu'une telle demande peut faire peur et on ne voit pas pourquoi l'entourage aurait à colmater des brêches dont il n'est pas responsable. L'autre n'est pas là pour combler nos manques. Ce n'est pas sa mission.

Pauline sera alors l'éternelle victime d'un passé sur lequel elle ne peut pas agir.

L'autre choix de Pauline est de se dégager de ce passé. Comprendre les préjudices subis, voir leurs répercussions dans sa vie d'aujourd'hui, admettre qu'elle ne peut rien changer à cette enfance, faire le travail de deuil d'une enfance idéale et, enfin, décider – oui, *décider* – de mettre ce passé à distance.

C'est ce que j'appelle savoir fermer le livre.

Quand on ressasse sans arrêt son passé, c'est, en effet, comme si on relisait toujours le même chapitre d'un livre. Il y a un peu de délectation morose – et, quelquefois, une certaine complaisance – dans cette attitude.

Ecoutons Pauline :

« Alors, il faudrait tout oublier, pardonner... Mais ce serait trop facile ! Ma mère voit bien, aujourd'hui, le mal qu'elle m'a fait. Elle voit bien que je n'arrive

pas à avoir des relations normales avec les gens... Elle sait bien que c'est de sa faute... »

Comme si, en s'autorisant à aller mieux – en fermant le livre de son enfance –, Pauline craignait que sa mère ne reconnaisse pas combien elle a souffert. Elle continue donc à relire le même chapitre encore et encore. Elle tient à sa souffrance comme preuve contre sa mère. La souffrance est sa carte d'identité.

C'est une attitude que je rencontre fréquemment quand les traumatismes ont été importants. Dans l'esprit de ces patients, aller mieux serait exonérer le parent des préjudices ou des sévices dont il est l'auteur. Comme ici Pauline, leur identité semble réduite à la souffrance subie. S'ils ne se présentent plus comme êtres souffrants, qui sont-ils ?

Le travail sera donc de les conduire vers la découverte de leur véritable identité. Sous l'être souffrant, sommeille quelqu'un d'autre qui, le plus souvent, a envie de vivre. Il va donc falloir lâcher la souffrance comme seule façon d'exister et se découvrir, se présenter et se vivre enfin avec tout ce qu'il y a autour.

Un dernier point : avec la conscience, arrive la responsabilité. Quand Pauline aura entrepris l'identification de tous ses manques et de leurs répercussions dans son quotidien, quand elle sera face à cette prise de conscience, elle deviendra entièrement responsable de ce qu'elle va décider de faire de son histoire. Elle sera donc confrontée à la fameuse question posée plus haut :

« *Que vais-je faire, aujourd'hui, avec mon histoire d'hier ?* »

Rappelons ceci : quand on a fini un livre et qu'on le ferme, on ne l'oublie pas. On sait parfaitement ce qui nous a plu, déplu, marqué, ému. Sans oublier le livre que l'on vient de lire, on est prêt à en commencer un autre. On est ouvert à une autre histoire et à d'autres émotions.

A Pauline – à chacun d'entre nous – de voir si nous voulons fermer le livre de notre enfance, le ranger sur une étagère pour entamer un autre livre : celui de notre vie à venir, un livre autrement plus intéressant puisque c'est nous qui en serons les auteurs et les protagonistes principaux.

VIII

FINS, RENONCEMENTS, RUPTURES, CASSURES

« Peu de gens savent être vieux... »
François de LA ROCHEFOUCAULD

« Pense dans le moment. Toute pensée qui dure est contradictoire. »
Marcel SCHWOB

Tout passe, tout casse, tout lasse...

« Nul ne peut à la fois se sentir responsable et désespéré. »

Antoine de SAINT-EXUPÉRY

S'il y a quelque chose de difficile à admettre, aujourd'hui, c'est bien que tout ait une fin. Oh, intellectuellement, nous ne sommes pas stupides : nous le comprenons aisément ! Il en va autrement lorsque nous sommes amenés à le vivre.

Prenons le vieillissement. Nous savons que nous vieillissons de seconde en seconde. Nous n'y pouvons rien. C'est comme ça. Or, il n'est que de regarder autour de soi pour voir comment certains se comportent face à cette pente inéluctable.

Pourtant, tout bien considéré, vieillir devrait nous réconforter... Cela prouve que nous sommes vivants !

La notion de vieillissement est indissociable de celle de vie. Si l'on accepte de vivre, on accepte, de fait, de vieillir.

On peut se demander alors si les personnes qui refusent de vieillir ont un réel goût pour la vie. Paradoxe, mais peut-être pas.

La peur de vieillir est, indubitablement, liée à la peur de la mort. Vieillir, c'est faire un pas de plus vers notre fin.

Mais vivre aussi ! Alors, pourquoi avons-nous tant de mal à accepter cela ? Parce que, justement, cela nous paraît... inacceptable.

Que faire ? Pas grand-chose, sauf à essayer de vivre chaque instant... comme si c'était le dernier. Vivre pleinement ce qu'il y a à vivre, au quotidien.

Car il n'y a que sur l'instant que nous puissions avoir quelque pouvoir.

Sur le passé, en effet, nous ne pouvons rien : il est derrière nous, c'est fini, nous ne pouvons pas agir dessus.

Sur le futur non plus, nous ne pouvons pas agir. Nous ne sommes pas Madame Irma : nous n'avons aucun don de voyance sur ce qui va se passer demain. Nous n'avons donc aucun pouvoir sur le futur.

Notre seule possibilité d'action reste sur le présent. Ce présent, il faudrait pouvoir le vivre isolément, comme s'il n'y avait pas de futur... Et ce sont tous ces instants mis bout à bout qui vont fabriquer notre futur. Le « bon » futur ne serait en fait constitué que d'instants pleinement vécus.

Je me souviens de ce champion de tennis qui expliquait que, pour gagner un match, il devait isoler chaque balle et la jouer comme s'il n'y en avait pas d'autres derrière. Il disait que s'il se mettait à songer à l'enjeu – et à son niveau il était énorme ! – alors il se déconcentrait et perdait point après point.

Son futur – gagner le match –, il le jouait sur le court, à chaque instant, sur chaque point. Et ce sont ces instants gagnants accumulés qui le menaient à la victoire.

C'est un peu ce que nous devrions pouvoir faire : habiter chacun de nos instants pour que notre vie soit pleinement vécue.

Il est frappant de constater que les personnes les plus sereines face au vieillissement et à la mort sont celles qui sont les plus satisfaites de leur vie. On pourrait penser que, heureuses, elles aient du mal à imaginer que cela se termine, or, la plupart du temps, il n'en est rien. C'est comme si, la vie les satisfaisant pleinement, elles considéraient qu'elles pouvaient partir à tout moment, comme ayant accompli la mission qu'elles s'étaient fixée.

A contrario, les personnes malheureuses, insatisfaites de leur vie, sont souvent dans la peur de vieillir, de mourir. Comme si elles n'avaient pas eu le temps d'accomplir ce qu'elles avaient envie d'accomplir.

Pour combattre cette peur qui nous tenaille devant la fin à laquelle nous sommes tous soumis, il n'y a donc qu'un remède : admettre... l'inadmissible et vivre chaque instant le plus authentiquement possible.

Je me souviendrai longtemps de ce vieux monsieur qui était venu, un soir, au Café Psycho. Après avoir assisté silencieusement aux deux heures que durait la séance, il s'était discrètement enquis de mon numéro de téléphone. Quelques jours après, je recevais un coup de fil où il me demandait de lui fixer un rendez-vous.

J'appris alors qu'il avait 87 ans. Sa démarche était simple : il voulait savoir s'il pouvait partir tranquille, s'il avait bien accompli sa mission d'homme et de père de famille. Veuf très tôt, il avait en effet élevé, seul, ses trois filles et il avait quelques interrogations concernant l'une d'elles.

Ce monsieur est venu pendant quelques semaines (il venait et repartait à pied... et il habitait à l'autre bout de Paris !) faire une sorte de bilan ; il se dégageait de lui une telle sérénité que je lui en ai fait part. Il a paru en être très ému, puis il a murmuré : « J'ai eu une belle vie... Si je devais la recommencer, je changerais peu de choses, vous savez... »

Face à sa fin de vie, cet homme était paisible. Sa mission, il l'avait remplie avec toute sa droiture d'homme de bien, avec tout son cœur de père aimant. Manifestement, ce vieux monsieur n'avait pas peur de quitter sa vie. Il était en paix.

Ainsi toutes nos vies sont jalonnées de fins et nous avons donc tout intérêt à l'admettre. Les personnes qui n'y arrivent pas sont malheureuses et parfois aigries. A ne pas vouloir lâcher l'idée que quelque chose n'est plus, elles se gâchent tout leur présent, ce qui vient encore alimenter leur malaise.

C'est un peu comme si elles conduisaient une voiture en regardant exclusivement dans le rétroviseur. On comprend bien, alors, qu'elles ne peuvent pas voir ce qui est là, juste sous leurs yeux.

Le mari de Lise l'a quittée depuis deux ans, après onze années de vie commune. Aujourd'hui, il souhaite divorcer. Lise ne veut pas en entendre parler.

« Je sais bien que cela ne pouvait pas continuer comme ça. Mais se quitter après aussi longtemps... On pourrait re-essayer... Aller voir quelqu'un pour discuter... Je ne sais pas, moi... Mais il ne veut rien entendre... »

Cela fait donc deux ans que Lise refuse d'admettre que son mariage est fini. Jour après jour, elle ressasse son histoire. Jour après jour, elle alimente son chagrin. Jour après jour, elle laisse filer son présent.

Pendant ce temps, en effet, si un autre compagnon potentiel venait à passer sous son balcon, elle serait bien incapable de le voir, tout occupée qu'elle est à regarder dans le rétroviseur de sa vie passée.

Il va pourtant falloir qu'elle intègre le concept de fin dans son histoire si elle ne veut pas gâcher ce qu'elle peut encore vivre sur le plan du couple. Même si, selon elle, sa « vie est finie ». (Elle a 38 ans !)

Mais il est tout aussi difficile de vivre d'autres fins, d'autres ruptures, d'autres cassures :

- *C'est Aziza qui ne se remet pas d'un licenciement collectif vieux de trois ans, pourtant bien indemnisé, et qui rumine sa malchance...*

- *C'est Adèle qui dîne tous les soirs, depuis six ans, devant la photo de son mari décédé, photo qu'elle appuie contre le verre posé à la place qu'il occupait...*

- *C'est Jean-Michel, 49 ans, qui refuse de voir le temps qui passe et sort en boîtes de nuit... avec sa fille de 19 ans...*

- *C'est Anne-Elisabeth qui en est à sa neuvième opération de chirurgie esthétique parce qu'elle n'admet pas les outrages du temps.*

- *C'est Arsène qui s'impose depuis quatre ans une épreuve de piano qui ne correspond pas à son niveau et qui ne veut pas l'admettre...*

- *C'est Emeric qui s'enferme dans sa solitude et ses ruminations moroses depuis que son meilleur ami l'a « lâché » il y a trois ans...*

Oui, il n'est pas facile de faire face à ces renoncements auxquels nous sommes tous soumis, un jour ou l'autre.

Tout passe, tout casse, tout lasse...

Pourtant, nous n'avons pas de choix. Dans la mesure où ces renoncements nous sont imposés de l'extérieur, nous ne pouvons pas agir dessus.

Que faire, en effet, devant le « non » de quelqu'un ?

- *Le « non » de l'employeur fait à Aziza.*
- *Le « non » de la vie fait à Adèle.*
- *Le « non » de l'adolescence fait à Jean-Michel.*
- *Le « non » de l'éternelle jeunesse fait à Anne-Elisabeth.*
- *Le « non » du talent fait à Arsène.*
- *Le « non » de la permanence des sentiments fait à Emeric...*

Rien. Nous ne pouvons rien faire. Juste admettre. Juste se dire que nous devons tourner la page, là encore, pour pouvoir entamer un autre chapitre de notre vie. C'est ce qu'on appelle le « travail de deuil ».

Il y a des fins, des cassures, des ruptures plus ou moins douloureuses. Elles sont toutes à considérer comme faisant partie de la vie.

Elles sont la preuve que nous avons vécu quelque chose, donc que nous sommes vivants.

Et elles ne devraient pas nous ôter le goût d'entreprendre dès lors que nous aurons admis que tout ce que nous vivons peut, un jour, disparaître.

IX

TRACER SA LIGNE... ET S'Y TENIR !

« Ce qui est créé par l'esprit est plus vivant que la matière. »

Charles BAUDELAIRE

Les in-négociables

> « Ce pourquoi tu acceptes de mourir, c'est cela seul dont tu peux vivre. »
>
> Antoine de SAINT-EXUPÉRY

Réfléchir sur sa vie et sur les grands principes qui la régissent nous amène inévitablement à la question : « Qu'est-ce qui est important pour moi ? »

Qu'on l'appelle principe, exigence fondamentale, conviction, éthique, noyau dur, morale, quelque chose se dessine. Et ce quelque chose est spécifique à chacun. Comme une colonne vertébrale qui va nous faire tenir debout dans les meilleures conditions possibles.

Sans cette assise, cette base solide, nous allons flotter et nous allons avoir du mal à trouver notre place dans la vie. Comment, par exemple, défendre nos convictions dans une conversation, prendre une décision sans angoisse excessive, faire des choix judicieux... sans savoir exactement ce qui nous mobilise intrinsèquement ?

Ecoutons Déborah : elle se fait toujours malmener par son entourage. Tout le monde la bouscule parce que, selon ses dires, elle ne sait pas ce qu'elle veut.

« *C'est vrai qu'avec moi, c'est toujours le dernier qui a parlé qui a raison. Je n'ai pas d'opinion... Quand j'écoute un débat politique à la télévision, je suis ébranlée par chaque personne qui s'exprime... Ça m'a frappée, dernièrement, avec l'histoire du port du foulard à l'école... Impossible de me faire une opinion. Je ne sais pas ce que je pense, je ne sais pas quelle position prendre. Et c'est comme ça pour tout... Je ne sais pas comment font les autres. Quand je vois des gens défiler dans la rue, je suis admirative. Je me dis qu'ils ont des convictions, qu'ils y tiennent et ils les défendent... Moi je suis prête à défendre tout et son contraire. Ça ne fait pas de différence.* »

Pour Déborah, tout se vaut.

Deux garçons la courtisent et elle ne voit pas pourquoi elle choisirait l'un plutôt que l'autre : « *Les deux ont des avantages...* » !

Au restaurant, choisir à la carte la panique : « *Je prends systématiquement le menu, ou comme celui qui est avec moi, comme ça je suis tranquille...* »

Elle exerce le métier de secrétaire, un métier où, dit-elle : « *Je fais ce qu'on me dit.* »

Quand elle va voir un film, elle ne sait pas dire s'il lui a plu ou non : « *J'attends toujours que l'autre me dise ce qu'il en pense pour m'exprimer.* »

Manifestement, Déborah n'a rien à quoi se référer. C'est comme si elle naviguait à vue, sans aucune balise, sans aucun repère qui lui indiquent son chemin... Personne ne l'a conduite, en effet, à tracer sa propre route, selon ses désirs et sa hiérarchie de valeurs personnels.

Car il n'y a pas de repère, de balise qui valent pour tout le monde. Chacun d'entre nous va devoir tisser son fil rouge et c'est ce qui nous permettra de prendre position dans notre vie.

Mais comment faire ? Comment tisser ce fil conducteur qui va faire que nous saurons accepter ceci, récuser cela, négocier, composer, faire ou non des compromis ?

La réponse est simple... et extrêmement compliquée. Cela passe par la connaissance de soi. Par l'appréciation de qui nous sommes, par la juste mesure de notre identité.

Déborah n'a aucune idée de qui elle est réellement. Elle ne sait pas se décrire, ni physiquement, ni intellectuellement, encore moins psychiquement. Elle a une méconnaissance sidérante de ce sur quoi elle peut s'appuyer dans sa personnalité. Elle ne voit que ses défauts.

Difficile, dans ce cas, de prendre position, de s'affirmer, d'oser même avoir un avis.

Pourtant, le travail identitaire doit se faire. Si je sais qui je suis, où sont mes atouts, mes limites, je vais plus volontiers assumer mes idées, mes choix.

Je serai alors en mesure de déterminer les principes fondamentaux que je veux voir régir ma vie. Pour ne pas me perdre, je vais, régulièrement, me poser la question de ce qui est important pour moi. Quelles sont les convictions qui font partie de mon identité ? Qu'est-ce qui me ferait défiler dans les rues si l'on y touchait ? Qu'est-ce que je veux vraiment faire de ma vie ?

Regardons Françoise, un exemple qui illustre le principe des « fondamentaux » de manière très claire.

Sa vie est régie par le souci de l'équité, du respect, de la tolérance. Ce sont ses fondamentaux.

Une éthique qu'elle s'est construite et à laquelle elle déroge rarement. C'est son noyau in-négociable. Elle ne peut pas fréquenter intimement des personnes qui ne respectent pas ces trois rocs qui la constituent.

Pour elle, le chemin semble tracé. Elle essaie de conduire sa vie en fonction de ses convictions. Elle sait où est sa route, même s'il lui arrive de s'en écarter. Quand elle y déroge – quand, par exemple, elle se surprend à rejeter sans raison apparente telle ou telle personne... ou quand elle estime qu'on ne l'a pas respectée sans qu'elle réagisse –, elle sait qu'elle s'est écartée de sa route mais elle sait aussi qu'elle n'a pas perdu son chemin pour autant.

Car l'important n'est pas de ne jamais transgresser. (Rappelons que nous ne sommes que des humains et que nous sommes donc faillibles !) L'important est de savoir que l'on transgresse par rapport à quelque chose qui est partie intégrante de soi. Si l'on sait que l'on transgresse, c'est que l'on a quelque chose à transgresser. C'est donc qu'on a un repère, un chemin qu'on sait pouvoir rejoindre. Et cela fait toute la différence. Nous serons vigilants la prochaine fois et nous essaierons de ne pas nous écarter de notre route.

Connaître nos fondamentaux, notre noyau in-négociable, va nous amener à plus de tolérance envers autrui. En effet, si l'on sait que les trois ou quatre principes que nous nous sommes édictés sont préservés, que nous ne laisserons personne les remettre en cause, nous allons pouvoir nous ouvrir plus largement aux autres et accepter des choses qui, pour être énervantes, exaspérantes ou même génératrices de souffrance n'en seront pas moins acceptables puisque secondaires pour nous.

Rappelons enfin que « in-négociable » signifie bien ce qu'il veut dire : sur ces quelques points fondamentaux, on ne fera pas de compromis.

Pas de compromis avec les autres s'ils s'y attaquent....

Mais surtout, pas de compromis, pas de petits arrangements avec soi.

Un défi remis en cause régulièrement, difficile à relever mais c'est cet enjeu qui nous fera nous croiser dans la glace, le matin, sans trop de difficulté, et nous adresser un clin d'œil d'encouragement pour cheminer sur la route que nous continuons de nous tracer tous les jours.

Comment se choisir ?

« Deux excès : exclure la raison, n'admettre que la raison. »

Blaise PASCAL

Rien de plus complexe que de se choisir un/une ami(e), un/une partenaire amoureux(se)... Quelqu'un qui va partager notre vie affective, parfois notre intimité, quelqu'un en qui nous allons placer notre confiance... Quelqu'un qui va éprouver le même élan et qui est sur le même registre que le nôtre.

Oui, reconnaissons-le, c'est difficile et... passionnant.

Ecoutons Stella discuter avec son amie Clotilde. Elle parle de l'homme avec lequel elle sort depuis quatre mois :

« *Je crois bien que c'est le bon... Si, si, je t'assure. On aime les mêmes choses : on rit aux mêmes blagues, aux mêmes spectacles...*

– Mais comment tu peux savoir ça... Comment on sait si c'est le bon ?

– Je ne sais pas... Ça se sent. Et Richard, moi, je le sens bien. »

Stella « sent » que c'est Richard. A l'instinct et de façon irrationnelle, sentiments tout à fait normaux quand on est attiré par quelqu'un. Pour peu que Richard « sente » la même chose, on se dit que ces deux-là vont peut-être être amenés à faire un bout de chemin ensemble.

Les mois passant, ils vont se découvrir l'un l'autre et il ne reste plus qu'à espérer que rien ne viendra se mettre en travers de la route qu'ils ont empruntée ensemble.

Or voici une autre conversation entre les deux amies, un mois plus tard.

Clotilde à Stella :

« *Alors, toujours le grand amour ?*

– Ben oui, ça roule... On sort beaucoup, on voit beaucoup ses copains... Je les trouve un peu fachos, mais ils sont sympas... Je n'arrive pas toujours à savoir s'ils plaisantent ou s'ils sont réellement comme ça...

– Ah bon, il a des copains fachos ? Je ne pensais pas que tu supporterais ça... Et Richard, il dit quoi ?

– Il dit qu'ils plaisantent, que ce n'est pas bien méchant. Quand même, il y a des moments où je ne

me sens pas très à l'aise. Heureusement que ce n'est pas lui...

– Vérifie, quand même, on ne sait jamais !

– Tu crois ? »

Une semaine plus tard, Stella téléphone à Clotilde, en pleurs :

« *Richard,* hoquette-t-elle entre deux sanglots, *Richard, il a voté extrême droite aux dernières présidentielles ! Tu crois que c'est grave ?* »

Je ne sais pas ce que Clotilde a répondu exactement. Ce que j'aurais répondu, moi, c'est que cela dépend.

De quoi ?

Eh bien, des convictions personnelles de Stella. Soit les convictions politiques sont identifiées comme faisant partie des fondamentaux, des prérequis in-négociables de Stella et ses pré-requis lui interdisent l'idée d'entretenir des relations avec quelqu'un d'extrême droite; soit les convictions politiques n'en font pas partie.

Dans le premier cas, la sagesse et la fidélité à elle-même devraient conduire Stella à cesser la relation.

Dans le second cas, elle devra faire avec ce côté de son partenaire sur lequel elle n'est pas tout à fait d'accord et accepter ce qui en découle.

Pour essayer de se tromper le moins souvent possible dans le choix de ses partenaires, il est donc nécessaire de passer par la phase d'identification de ce qui est important, fondamental pour soi, comme suggéré dans le chapitre précédent, et d'en déduire les pré-requis indispensables à toute poursuite d'une relation. Je dois connaître mes pré-requis : ceux que je veux impérativement retrouver chez l'autre; et ceux de mon/ma partenaire pour voir s'ils sont compatibles avec les miens. Sans oublier de lister mes rédhibitoires... et ceux de mon/ma partenaire.

Une petite précision, néanmoins : la liste des pré-requis ne doit pas être aussi longue qu'une liste de supermarché. Trois ou quatre points fondamentaux, tout au plus. Et pas plus de rédhibitoires !

Ne pas faire comme Clémentine qui travaillait sur ses pré-requis et qui arrive un jour avec une liste longue d'une dizaine de points... Parmi ce qu'elle considérait comme essentiel de trouver chez l'autre était... l'amour de Mozart ! Il a fallu la conduire à élaguer pour ne laisser que l'essentiel !

Le travail d'identification des pré-requis terminé, il ne nous reste plus qu'à vérifier – assez vite ! – que celui ou celle qui a été choisi(e) ne vient pas remettre en cause les principes fondamentaux de notre vie. Nous allons veiller à ce que :

- soit il/elle les partage (l'idéal !),
- soit il/elle les accepte.

A nous de voir alors si les siens sont compatibles avec les nôtres.

Attention au piège du : « Oui, mais il/elle peut changer ! »

Bien sûr, il est toujours possible de changer. S'il/elle décide de changer. Pas si l'autre le lui demande. Or, il serait par trop hasardeux de se lancer dans la construction d'une histoire en espérant que l'autre changera.

La question qu'il faut donc se poser à chaque fois est :

En l'état, aujourd'hui, à l'instant T, cet homme, cette femme, me va-t-il/elle ? S'il/elle ne change pas, cela me va-t-il ?

La réponse ne peut se faire que par oui ou par non. Jamais par un *oui mais*... Rappelons que nos quelques fondamentaux sont in-négociables. Donc... ne les négocions pas !

Déborah, que l'on a rencontrée au chapitre précédent et qui est courtisée par deux garçons, ne sait pas lequel choisir... Outre le fait que je crois sincèrement que lorsqu'on hésite entre deux personnes, le choix devrait plutôt se diriger vers « ni l'une, ni l'autre », un premier travail d'identification des fondamentaux de chacun permettrait, peut-être, d'y voir un peu plus clair.

Quentin, quant à lui, sait qu'il a inclus parmi ses pré-requis, un puissant désir d'enfant. Quand il rencontre Adeline, 36 ans, c'est le coup de foudre. C'est la femme qu'il attendait... Avocate, battante, jolie, mais aussi un certain égoïsme, une difficulté à exprimer sa tendresse, à se dévoiler. Mais, comme il le dit lui-même fort justement : « *Il faut bien qu'elle ait des défauts !* »

Quand Adeline lui dit de façon très nette qu'il n'est pas question, pour elle, d'avoir des enfants, c'est un coup de massue que Quentin reçoit sur la tête.

« *Vous croyez qu'elle peut changer d'avis ?* me demande-t-il quelque temps après.

– *Oui, elle PEUT changer d'avis... Mais rien n'est moins sûr.* »

Quentin doit donc prendre une décision. Soit il met de côté son désir profond d'avoir des enfants et il continue sa relation avec Adeline, au prix d'un compromis avec l'un de ses fondamentaux.

Soit il ne négocie pas avec lui-même et il rompt, restant fidèle à son projet de vie.

S'il choisit la première solution, il prend le risque de voir anéanti son désir de fonder une famille avec enfants. Et s'il arrive que le couple traverse des zones de turbulences, je fais le pari que le sujet reviendra régulièrement sur le tapis jusqu'à polluer de façon irrémédiable la relation.

Ce qui serait hasardeux serait de continuer la relation en tablant sur le changement de position d'Adeline. On ne peut pas savoir si oui ou non elle changera d'avis. Personne ne peut le dire. Tout ce que l'on sait c'est qu'Adeline affirme que AUJOURD'HUI elle ne veut pas d'enfant.

La question que Quentin doit se poser est donc :

Est-ce que ce que m'offre Adeline, AUJOURD'HUI, me va ?

OUI ☐ NON ☐ (COCHEZ LA CASE !)

Mais Quentin peut aussi décider de vivre ce qu'il y a à vivre avec Adeline, tout en sachant que ce n'est pas avec elle qu'il aura des enfants. Il peut décider de poursuivre la relation sans rien attendre d'Adeline sur ce sujet, prévoyant alors qu'il devra y mettre fin un jour, s'il veut rester fidèle à son projet de vie.

Rappelons-nous, en effet, que si nous négocions avec nous-mêmes sur nos fondamentaux, ils risquent fort de nous rattraper à plus ou moins long terme.

Ainsi...

• *Xavier qui a accepté, dès le début de leur amitié, que son copain lui pose régulièrement des lapins sans jamais s'excuser : la parole donnée, le respect de l'autre étaient pourtant dans ses pré-requis, ses fondamentaux.*

→ *Ils en sont aux échanges violents et la rupture n'est pas loin.*

• *Doria qui entretient depuis des années son mari « artiste » et qui s'était juré de ne jamais se mettre dans la situation que sa mère a connue.*

→ *Elle vient de lui fixer un ultimatum avec la décision de demander le divorce s'il ne fait rien pour trouver un travail rémunéré.*

• *Estelle, pour qui le respect de l'autre est si important, et qui a accepté trop longtemps que sa chef de service lui parle de façon grossière.*

→ *Elle a malheureusement réagi violemment et a, un jour, giflé sa supérieure, se mettant dans une situation inextricable.*

• *Daniel qui s'interdisait de sortir avec une femme mariée et qui a succombé aux charmes d'une femme engagée ailleurs.*

→ *Il est aujourd'hui en dépression profonde, ne supportant pas la situation qu'il a lui-même créée.*

• *Clarisse qui passe son temps à piétiner ce qu'elle sait être essentiel pour elle et qui continue de nager dans l'ambiguïté, à manipuler son entourage, à franchir certaines limites...*

→ *Elle développe régulièrement des maladies psychosomatiques allant de la pelade aux crises de vertiges ou d'eczéma géant.*

Il n'y a pas d'exemple où la négociation avec soi sur ce qui est fondamental n'ait pas conduit à des malaises, des mal-être.

C'est le respect de nos fondamentaux qui va nous donner cette assise indispensable à la conduite de notre vie.

C'est le respect de nos fondamentaux qui tisse le fil qui va nous servir de repères. Repères pour faire nos choix, nous forger nos opinions, nous permettre de faire un bout de chemin avec un partenaire respectueux de ce que nous sommes intrinsèquement.

A l'énoncé de ce que je viens de développer, quelqu'un me disait, un jour : « Eh bien, on ne peut pas dire que ce soit très romantique, tout ça ! S'il faut sortir sa *check list* à chaque fois qu'on rencontre quelqu'un !... »

N'exagérons rien. Quand on rencontre l'autre, on est attiré de façon irrationnelle vers lui. Cela ne s'explique pas. Et c'est très bien ainsi.

Mais quand la relation s'installe, qu'il est question de construire ensemble une vie de couple, je ne saurais trop recommander de ne pas attendre pour vérifier que les fondamentaux sont bien respectés et qu'il ne se cache pas un « rédhibitoire » dans le placard.

Mieux vaut faire toute la clarté là-dessus. C'est à ce prix que nous pourrons donner toutes les chances au couple de s'inscrire dans la durée.

X

VIVRE À DEUX : ALCHIMIE ET LUCIDITÉ

« Parce que c'était lui, parce que c'était moi... »

Michel de MONTAIGNE

Les trois ingrédients du couple

> « Le couple, c'est autrui, à bout portant. »
>
> Jacques CHARDONNE

Un homme, une femme (*chabada...*) se rencontrent, se reconnaissent. Ils en sont sûrs : c'est lui, c'est elle. Ils voient l'avenir à deux et sont certains de vouloir construire ensemble.

S'ils se sont livrés au travail suggéré dans les deux chapitres précédents, ils sont bien partis pour réussir. Mais il y a encore quelques petites choses à ajouter pour mettre toutes les chances de leur côté. Trois petits ingrédients indispensables et intimement liés :

• D'abord, *il faut s'aimer*. Condition numéro 1, nécessaire mais pas suffisante. Mais avec cela, on n'a pas trop de difficultés.

• Ensuite, *il faut avoir des projets communs*. Condition numéro 2, nécessaire mais pas suffisante.

• Enfin, *il faut être compatibles*. Condition numéro 3, nécessaire mais pas suffisante.

Souvent, on ne s'attache qu'au premier point. AIMER serait la justification de tout, et serait l'élément qui doit tout faire passer.

Ecoutons Olivia nous parler de son couple :

« Cela fait douze ans qu'on est ensemble, avec Peter... On s'entend très bien. On a les mêmes vues sur beaucoup de choses. On s'aime, quoi. Ça, j'en suis sûre. D'ailleurs on se le dit souvent. Mais je ne sais pas pourquoi, on ne fait plus grand-chose ensemble. Au début, on avait toujours un " truc sur le feu ". On faisait du sport ensemble. On s'était inscrits aux Langues O pour apprendre le japonais. On prenait des cours de danse. Enfin, on partageait une foule de choses. On ne faisait pas tout ensemble, non. On avait notre territoire réservé. Mais depuis quelques années, avec la venue des enfants, on ne fait plus aucun projet ensemble. C'est comme si on vivait côte à côte. Il n'y a qu'au lit qu'on se retrouve, heureusement. Je n'arrive pas à comprendre comment on en est arrivés là. On s'aime, pourtant... »

Manifestement, le couple d'Olivia et de Peter a bien fonctionné pendant des années. Et puis la vie, la venue des enfants, une certaine négligence, aussi, les ont conduits vers cette vie parallèle qu'Olivia décrit.

La raison de cet éloignement, Olivia l'a bien noté : c'est la disparition de projets à partager. En dehors des enfants et des relations sexuelles, ils n'ont que peu de choses en commun. Plus aucun moment pour construire, s'enthousiasmer, rire ensemble. Le couple s'étouffe, petit à petit, manquant cruellement de carburant.

Car le couple est une entité vivante. Il doit être nourri et sa nourriture doit comporter des projets à vivre à deux.

Pour s'inscrire dans la durée, un couple doit pouvoir se projeter dans quelque chose à faire ensemble.

Le projet est le charbon de la relation. Sans charbon pour l'alimenter, elle risque fort d'être en difficulté.

« *On s'aime, pourtant...* » est le leitmotiv que l'on entend sans arrêt et qui ne donne aucune réponse au problème. Oui, « on s'aime »... et alors ? Est-ce que l'amour nous met à l'abri de toutes les difficultés qu'un couple rencontre inévitablement ?

Olivia et Peter nous montrent que non.

L'amour est présent. La compatibilité est bonne. Il ne manque « que » les projets → le couple ne fonctionne plus.

Pour que leur couple retrouve un peu de son dynamisme de départ, Olivia et Peter vont devoir se parler et remettre des projets « sur le feu », comme le dit Olivia. C'est à cette condition que ce couple, où l'amour semble toujours présent, pourra de nouveau fonctionner et s'épanouir.

Mais ce ne sera pas gagné pour autant, car il ne faut pas s'endormir. Pour alimenter une relation, il faut de la vigilance et de l'imagination.

Faire des projets requiert, en effet, de l'énergie et de la créativité.

• *C'est Ivan qui apprend la plomberie à sa femme complètement fermée aux travaux manuels et qui pique avec elle des fous rires inextinguibles.*

• *C'est Fanny et son mari qui ont décidé de descendre en voiture au Sénégal pour porter des fournitures scolaires à une école de Dakar.*

• *C'est Chris et son compagnon qui apprennent à jouer de la musique (elle de la flûte, lui du piano) pour pouvoir accompagner leurs enfants.*

• *C'est Noémie et son mari qui cherchent la maison à rénover dont ils rêvent...*

Olivia et Peter s'aiment, sont compatibles... mais n'ont pas de projets.

Observons maintenant Ninon et Gérald qui se sont rencontrés il y a trois mois :

« *J'ai un souci avec Ninon... Je ne sais pas si ça va marcher entre nous. Quand je lui ai dit que je risquais d'être muté en province, elle a fait une tête de trois pieds de long... La province, elle déteste. Elle y a passé toute son enfance et pour elle, il n'est pas question d'y retourner. Pourtant, pour moi, ce serait suicidaire professionnellement de ne pas suivre. C'est une oppor-*

tunité et ma direction m'a bien fait sentir qu'il n'y en aurait pas d'autre avant longtemps... Je ne sais pas comment la convaincre... »

Selon les dires de Gérald, Ninon l'aime. Elle le lui dit. Ils avaient une foule de projets ensemble. Ils étaient intarissables... jusqu'à la mention de la province.

On se trouve manifestement ici devant un choix de vie fondamental. Gérald semble bien décidé à ne pas laisser passer cette opportunité professionnelle. Ninon est plus que réticente à l'idée de le suivre.

Deux désirs contradictoires importants dont l'issue conditionnera l'avenir de la relation.

Nous voilà donc face au troisième ingrédient du couple : la compatibilité.

Alors, que faire ?

Si Ninon part avec Gérald, il y a le risque qu'elle le lui reproche à la moindre occasion.

Si Gérald reste et décline l'offre de sa société, c'est lui qui pourrait bien le lui reprocher un jour ou l'autre.

Dans les deux cas, le risque est énorme pour le couple. Ils s'aiment, ils ont des projets, mais ils ne semblent pas compatibles.

Pour trouver une issue à cette situation, Gérald et Ninon vont devoir se poser la question : « Est-ce que la décision de partir/rester est suffisamment importante pour moi pour que je mette en péril ma relation ? » On en revient à l'idée des « négociables » et des « in-négociables » mentionnés au chapitre IX.

Même si l'amour et les projets sont là, il manque ici un ingrédient : la compatibilité → le couple risque alors de ne pas fonctionner.

Or, les cas d'incompatibilité sont multiples :

• *C'est Anaïs qui aime José, fait de multiples projets avec lui, mais n'ose pas lui dire qu'elle n'apprécie pas sa brutalité au lit.*

• *C'est Robert et Jeannine qui vivent en perpétuel décalage horaire : lui se couche à 21 heures et se lève à 5 heures, sans nécessité professionnelle. Elle ne peut pas s'endormir avant 1 heure du matin et se réveille en même temps que son mari.*

• *C'est Jean qui vit avec Emmanuelle et ses deux enfants alors qu'il n'a jamais voulu être père.*

• *C'est Mine qui veut entraîner son compagnon, casanier et plus que réticent, dans une mission humanitaire qui la mobilise tout entière.*

Amour, projets, compatibilité... Trois ingrédients indispensables, donc, pour faire fonctionner un couple dans la durée. Qu'il en manque un et le couple est en danger.

Et surtout, surtout, n'oublions jamais que l'amour, même avec un grand A, ne peut suffire pour faire vivre une relation.

On peut s'aimer très très fort... et ne pas pouvoir vivre ensemble.

Aimer « en dépit de »

« C'est ainsi qu'un amant dont l'ardeur
[est extrême
Aime jusqu'aux défauts des personnes
[qu'il aime. »
MOLIÈRE

Les premiers temps d'une relation sont souvent vécus dans une sorte d'hypnose et un aveuglement que nous entretenons soigneusement.

On entend des phrases comme « On se ressemble, on est pareils », « On aime les mêmes choses », « On a les mêmes livres dans notre bibliothèque », etc. L'amour est aveugle, c'est bien connu.

Comme s'il était nécessaire de se ressembler pour s'aimer. Comme si les deux protagonistes devaient être des clones.

Cela reviendrait alors à dire que dans la rencontre, c'est nous que nous recherchons, l'autre étant un miroir de nous-mêmes.

Quand la phase passionnelle – ou tout simplement nouvelle – est passée, les yeux se dessillent et il peut arriver qu'on se trouve... devant un(e) parfait(e) étranger(ère) ! Fini la recherche de tout ce qui peut rapprocher... Ce qui sépare saute aux yeux et peut prendre le pas sur l'impression de proximité du début.

Ecoutons ce que nous raconte Elodie :

« *Quand j'ai rencontré Jean-Louis, j'ai été éblouie. C'était vraiment le prince charmant. Il avait tout. Mes amies me disaient que j'exagérais et je pensais qu'elles étaient jalouses ! Après trois ans de vie commune, c'est toujours l'amour, mais j'ai eu un passage difficile quand j'ai découvert ses petits travers... Sa façon de se tenir à table, par exemple... Le fait qu'il ne supporte pas que les choses ne soient pas rangées à sa façon... Sa propension à toujours remettre à plus tard tout ce qui l'ennuie... Tout ça, c'était présent dès le début, mais je n'ai pas voulu le voir. Je faisais comme si ça n'existait pas. Et quand je me suis avoué que c'était difficile à supporter pour moi, j'ai commencé à lui faire des reproches de plus en plus acides. On se disputait tout le temps et il me disait – à juste titre : "Je ne comprends pas pourquoi cela t'énerve, maintenant. J'ai toujours été comme ça !" Il avait raison. Si j'avais regardé en face qui il était, comment il fonctionnait, je n'aurais pas eu ces réactions tardives et surdimensionnées.* »

Eh oui, Elodie. Vous avez raison. L'état amoureux du début d'une relation ne devrait pas nous empêcher de voir l'autre, tel qu'il est. L'amour ne devrait pas être aveugle.

Il ne faut en effet pas être aveuglé pour aimer quelqu'un. Aimer quelqu'un, c'est aimer la personne qui est en face de moi, telle qu'elle est réellement et non pas telle que je me l'imagine.

Aimer une icône, c'est, en effet, assez facile. Le prince charmant est facile à aimer : il n'a pas de défaut. On aime tout de lui, sans effort.

Mais aimer vraiment est un peu plus compliqué car il va falloir aimer l'autre pour ses qualités... et malgré ses défauts (s'ils restent acceptables par nous, bien sûr).

C'est un exercice autrement délicat puisqu'il demande d'appeler à la rescousse tout le potentiel de tolérance dont nous disposons.

Aimer en dépit des défauts est important pour notre partenaire. Il voit que nous le reconnaissons tel qu'il est, d'emblée, et que notre amour est suffisamment solide pour ne pas avoir peur de regarder en face ses manques, ses carences, ses imperfections.

C'est la plus belle preuve d'amour que nous pouvons donner à l'être aimé et le plus bel hommage que nous lui rendrons.

La cerise sur le gâteau

> « Les hommes deviennent supportables dès que nous sommes sûrs de pouvoir les quitter. »
>
> François MAURIAC

« *Elle est partie et c'est comme si elle avait emporté un bout de moi. Je suis infirme... Elle me manque et je manque d'air. Quand je pense à elle, il m'arrive de suffoquer, vraiment. J'ai l'impression que j'étouffe. Je n'ai plus de goût pour rien. Faire des trucs tout seul, pour moi, ça n'a pas de sens. Avec elle, tout était intéressant. Seul, je ne vaux rien...* »

Ainsi s'exprime Gabriel qu'Edith vient de quitter après six ans de vie commune. Six ans pendant lesquels, selon Gabriel, ils n'ont fait qu'un, vivant dans un état fusionnel total.

Ah, la fusion, la fusion ! Pour beaucoup, c'est la preuve de l'amour absolu, il n'y aurait pas d'autre façon d'aimer. Se fondre l'un dans l'autre, quelle volupté !

Pourtant, il y a une question qu'Oscar Wilde pose avec l'humour qu'on lui connaît et qui résume bien ce que je pense de la fusion : « Ne faire qu'un ? Oui... mais lequel ? »

Car se fondre dans l'autre implique que quelqu'un disparaisse. La question est donc tout à fait pertinente.

L'équation du couple fusionnel pourrait se lire de cette façon :

1 + 1 = 1.

L'un s'est fondu dans l'autre. L'un a disparu au profit de l'autre.

Or un couple est une entité composée de deux individualités. Deux personnes distinctes qui s'unissent pour former un couple.

L'équation du couple pourrait alors se lire ainsi :

1 individualité + 1 individualité = 3 (le couple formé).

En d'autres termes, JE suis quelqu'un. TU es quelqu'un qui n'est pas moi. ENSEMBLE, nous formons le couple.

La fusion permanente a quelque chose de dangereux car elle nous rend considérablement dépendants de l'autre. Si l'autre n'est pas là, nous ne sommes pas complets. Nous sommes bancals.

Vivre en état de fusion nous rend donc très fragiles.

Bien sûr, il est souhaitable que, dans un couple, les moments de fusion existent. (Ne serait-ce que dans les relations sexuelles !) Mais des moments, des phases, et non pas un mode de vie permanent.

La fusion totale est mortifère, la plupart du temps. Elle ne résiste au temps que si les deux protagonistes sont exactement sur la même longueur d'onde.

Je connais un couple qui fonctionne très bien sur ce mode. Chacun est dépendant de l'autre, en toute lucidité. Ils ne font rien l'un sans l'autre.

Il passe la tondeuse à gazon ? Elle lui tient le fil. Elle fait des spaghettis ? Il lui tend la passoire. Il parle sans arrêt ? Elle est plutôt silencieuse, l'écoutant sans jamais se lasser.

Ce couple dure depuis de nombreuses années et, à mon sens, n'est pas près de se briser. Le seul souci, dans ce type de situation, c'est la réaction de l'un si l'autre venait à disparaître. Comment celui ou celle qui restera fera-t-il/elle pour vivre seul(e) ?

C'est cette question qui me conduit à aborder le concept « d'autonomie affective ».

De quoi s'agit-il ? De notre capacité à aimer l'autre sans en avoir un besoin vital. Aimer l'autre comme un plus dans sa vie et non pas comme partie intégrante de ce qui nous constitue.

Imaginez un gâteau, un beau quatre-quarts, par exemple. Ce gâteau, c'est vous, ce que vous êtes intrinsèquement. Imaginez maintenant ce gâteau recouvert d'un glaçage au chocolat, de pépites multicolores et d'une belle et grosse cerise en son milieu.

Tout ce qui se trouve autour et sur le quatre-quarts, ce sont les autres. Tout ce qui n'est pas vous. La cerise symbolisant la personne aimée.

S'il n'y a plus de cerise sur le gâteau, celui-ci doit être mangeable... même s'il est un peu plus sec.

L'être aimé est le « plus » de notre gâteau. Ce qui fait que la vie est plus savoureuse avec lui que sans lui. *Mais il n'est pas une partie intégrante du gâteau.*

Si la personne aimée s'en va, elle ne part pas avec un morceau de mon quatre-quarts. Le gâteau reste entier. Il est juste moins moelleux, moins goûteux.

Manifestement, ce n'est pas ce que vit Gabriel face au départ d'Edith. Edith est apparemment partie avec un bout de son gâteau. D'où cette impression de manque intolérable et cette souffrance aiguë. D'où cette amputation d'une part de sa personnalité qui lui fait dire : « Seul, je ne vaux rien. »

Si c'est moi qui désire quitter la personne que j'ai aimée, je vais essayer de raisonner de la même façon. Or, il semble bien difficile de mettre ce précepte en pratique, comme nous le montre Viviane :

« Je ne l'aime plus... Cela fait un moment, d'ailleurs. Mais je ne me l'avoue que depuis peu. Lui ne voit rien. Ou il fait semblant. Quand j'essaie de lui parler, il fait celui qui ne comprend pas. L'autre jour, pourtant, j'ai réussi à le " coincer ". Je lui ai dit que je voulais partir.

Il n'a pas vraiment réagi, disant juste qu'il trouvait débile qu'on se sépare pour ce qu'il appelle " des petits différends ". Moi je veux vraiment le quitter. Mais je me méfie. Je pense qu'il peut faire une bêtise. »

Quand Viviane explique ce qu'évoque pour elle « faire une bêtise », l'idée du suicide apparaît tout de suite. Elle dit, implicitement, que si elle quitte son mari, celui-ci sera tellement perturbé, tellement « bancal », qu'il ne pourra plus vivre.

Il y a une part de « mégalomanie » dans ce fonctionnement. Viviane se met au centre de la vie de son mari, imaginant que celui-ci ne pourra pas vivre sans elle. De deux choses l'une : soit c'est faux, soit c'est vrai.

Dans le premier cas, Viviane doit se demander si sa crainte que son mari ne fasse une bêtise n'est pas simplement un alibi pour ne pas faire ce qu'elle a décidé. En effet, même quand on décide de briser une relation, la mise en acte est difficile et se fait douloureusement.

Dans le second cas, cela ne concerne pas Viviane. Même si, bien sûr, elle est touchée par la détresse de son mari, si celui-ci n'est pas autonome affectivement, elle n'y peut pas grand-chose. Il devra faire face, seul, à son problème de dépendance. Elle ne peut, hélas, rien pour lui.

Nous avons donc tout intérêt à entretenir notre « gâteau ». C'est-à-dire à le nourrir de l'intérieur et à l'agrémenter de décors suffisamment variés pour qu'il soit mangeable quand la garniture principale (la cerise) n'est pas – ou plus – là.

Et si nous constatons qu'il manque quelques ingrédients indispensables à la confection de notre gâteau, à nous de rectifier la recette. En d'autres termes, à nous de voir comment nous pouvons fonctionner de façon autonome en puisant en nous-mêmes la sève qui nous fait vivre.

N'oublions jamais que l'autre n'est pas là pour colmater nos brèches anciennes. Il est un « plus » pour nous. Il n'est pas une partie de nous.

C'est toute la différence entre avoir besoin de l'autre et avoir *envie* d'être avec l'autre.

Et, de façon un peu provocatrice, je finirai en disant qu'on ne peut vivre durablement avec l'autre... que lorsqu'on peut s'en passer !

Réfléchissez-y. Vous verrez, ce n'est pas si stupide !

Sexualité : la différence fondamentale homme-femme

> « C'est dans ce que les hommes ont de plus commun qu'ils se différencient le plus. »
>
> Blaise CENDRARS

Constance rentre de l'agence, ravie d'avoir terminé sa journée. Mikaël, son compagnon, n'est pas encore arrivé. Elle passe dans la salle de bains se rafraîchir et enfiler un tee-shirt propre.

Arrive Mikaël, de fort méchante humeur.

Constance amorce quelques tentatives pour essayer de savoir ce qui se passe. Rien n'y fait. Rebuffades, grognements, mutisme, c'est tout ce dont dispose Mikaël, ce soir. Le repas est contraint.

Vient l'heure de se mettre au lit. Mikaël fait des travaux d'approches en direction de Constance... qui le repousse. Il insiste, elle explose :

« *Comment ? Tu arrives, tu fais la gueule depuis trois heures, et il faudrait que j'aie envie de batifoler avec toi, là, tout de suite, parce que toi tu en as envie ? Vous êtes incroyables, les hommes ! »*

Cette scène peut être transposée dans d'autres circonstances, elle donne pratiquement toujours le même résultat.

Qu'y a-t-il donc à comprendre à cette situation ? Je ne vais pas développer ici les multiples facettes de la sexualité du couple. Ce n'est pas le propos de ce livre.

Je veux tout simplement mentionner – rappeler ? – que l'homme et la femme ne fonctionnent pas de la même façon. On peut même dire qu'il y a une différence fondamentale entre les deux sur la question de la sexualité :

La femme, pour aller au lit avec un homme, a besoin qu'un climat d'intimité se soit installé. Elle a besoin d'harmonie et c'est alors tout naturellement qu'elle ira vers son partenaire, comme une suite logique aux moments qu'elle vient de vivre.

Il n'en va pas de même pour l'homme.

Alors que la femme a besoin d'intimité pour aller vers son partenaire, l'homme, lui, va créer l'intimité qu'il désire retrouver en allant vers la femme.

Dans l'exemple, Mikaël, préoccupé par des soucis professionnels, est incapable d'en parler avec Constance. Il se sent coupé de tout élan possible envers elle. Pour la retrouver, pour retrouver le contact perdu, il va passer par la sexualité. C'est ainsi qu'il va recréer l'intimité perdue.

On comprend bien le problème que deux *modus operandi* aussi éloignés engendrent.

Alors, que faire ?

« Devenir homosexuels ?... » comme le suggérait avec humour l'un de mes amis avec lequel je discutais de cela ?

Pas obligatoirement ! Savoir comment la personne de l'autre sexe fonctionne va nous permettre de faire un pas vers elle.

Si je comprends le sens que mon compagnon met dans cette demande de rapprochement, je ne vais pas recevoir de la même manière ses tentatives.

Si je comprends que ma compagne ne me rejette pas moi, mais qu'elle a besoin d'une certaine harmonie, je ne vais pas m'y prendre de la même façon pour l'aborder.

Cette « petite » différence de fonctionnement entre l'homme et la femme sur le plan de la sexualité m'a paru suffisamment importante pour que j'en parle, tant il est vrai que l'incompréhension règne et devient vite source d'innombrables malentendus.

Comprendre ne rendra pas les choses faciles pour autant. Mais cette clé peut nous aider à nous rapprocher de l'autre et à ne pas être complètement perdus devant une réaction dont le sens nous échappe souvent.

Le coup de canif dans le contrat

« L'aveu est la tentation du coupable. »
Georges BATAILLE

Ce qui va suivre concerne les couples formés, qu'ils soient passés devant monsieur le maire ou non. Et les couples pour qui la fidélité est l'un de leurs pré-requis.

Un homme, une femme se sont donc promis fidélité. Avec sincérité, seul à seul ou face à une assemblée, ils se sont juré de rester fidèles l'un à l'autre.

Or, un jour, la tentation passe. Et l'on s'y laisse prendre.

Ecoutons Marine, de retour d'un séminaire de trois jours à Nice :

« On était dans un super hôtel. Toute la division Europe était là. On faisait connaissance avec nos collègues des autres pays et l'ambiance était détendue, même si on travaillait dur toute la journée. Le soir, après le dîner, on avait quartier libre. Je voyais

bien que Collins, mon homologue anglais, cherchait à se rapprocher de moi. Il me plaisait bien aussi. Il m'a invitée à prendre un pot en ville. J'y suis allée. J'étais troublée, je l'avoue. Quand nous sommes rentrés à l'hôtel, j'ai demandé ma clé au concierge et lui la sienne. On s'est séparés en se disant bonsoir ; quelques instants après, mon téléphone a sonné. C'était lui. Il me demandait si j'accepterais qu'il vienne me rejoindre. J'ai dit oui, tout de suite. Il est venu. On a fait l'amour toute la nuit. Quand le matin est arrivé, j'étais en pleine confusion. Qu'allais-je dire à René ? Heureusement, Collins devait repartir le matin même. J'ai passé les deux jours restants à culpabiliser comme une malade. René, que j'avais au téléphone, a senti que je n'étais pas comme d'habitude. Je m'en suis tirée en lui disant que j'avais pris froid... Qu'est-ce que je vais faire ? »

Et oui, que faire, en effet ?

(Remarquons que c'est une fois que nous avons « fait » que nous nous demandons « que faire ? », alors qu'il serait certainement plus judicieux de nous poser la question AVANT d'avoir « fait », non ? Mais c'est ainsi. Nous ne sommes que de pauvres humains faillibles, rappelons-le une fois encore !)

Histoire classique. Qui est valable au féminin comme au masculin, contrairement aux idées reçues.

Donc, que faire ? La réponse que je donne dans ce cas a l'habitude de soulever un tollé monumental. Car ma réponse au « Que faire ? » est... : « Rien. Surtout rien du tout ! »

« *Mais,* me dit Marine, *ce n'est pas honnête !*

– *Et coucher avec un autre homme que votre mari alors que vous vous êtes juré fidélité, c'est honnête ?*

– *Non, mais je ne peux pas rester avec ça sur la conscience !*

– *Et donc, pour décharger votre conscience, vous allez vous épancher sur l'épaule de votre mari qui, lui, n'a rien demandé... Au lieu d'être seule à subir les conséquences de votre acte, vous allez le mettre dans l'histoire et le faire souffrir.*

– *Donc, il va falloir que je vive avec ça...*

– *C'est ce que l'on appelle assumer les conséquences de ses actes...* »

Malgré les contestations que cette position soulève, je la maintiens contre vents et marées.

Il est un peu trop facile d'évoquer l'honnêteté pour déverser sur l'autre nos manquements à la parole donnée.

Vous avez donné un coup de canif dans le contrat ? A vous d'en assumer seul les conséquences.

Motus et bouche cousue, donc. A vous d'en tirer les enseignements pour la prochaine tentation qui ne manquera pas de se présenter.

« Mais s'il/elle l'apprend, ce sera pire ! »

Certes. Alors faites en sorte que cela ne se produise pas.

Dans le cas de Marine, il y a peu de chance que son mari apprenne son aventure d'un soir.

Carine et Max se sont juré fidélité et se sont même promis, « au cas où », de se le dire. Or, Max arrive un jour et annonce à Carine qu'il a couché avec une de ses collègues.

« *Rien de grave. Elle me draguait depuis pas mal de temps. J'ai cédé. Mais ne t'inquiète pas. Cela s'est passé une fois. Et c'est fini.* »

Carine a « encaissé » l'histoire sans trop broncher. C'était leur pacte. Ils ont promis de tout se dire. Max a tenu parole. Mais la vie de Carine est en train de virer tout doucement au cauchemar. Max a un voyage d'affaires ? Elle est en transe. Il rentre tard deux soirs de suite ? Sa machine à penser s'emballe. Ils n'ont pas eu de relations sexuelles depuis dix jours ? Elle panique.

Voilà ce à quoi l'on peut s'exposer quand on tient absolument à savoir la vérité.

De deux choses l'une : ou Max continue ses escapades et le couple est en danger. Ou Max est sincère : il est sage comme une image, mais Carine ne le croit pas.

Dans les deux cas, le couple est menacé. Or, si Max est sincère, et s'il s'était tu sur ce « petit » accroc, l'atmosphère du couple n'aurait sans doute pas eu à en souffrir. Peut-être même en aurait-elle bénéficié : celui qui a « fauté » se sent souvent tellement coupable, même s'il ne dit rien, qu'il a à cœur d'être charmant avec son partenaire !

Tout cela peut sembler immoral. Mais réfléchissez, cette attitude préserve beaucoup plus l'autre, celui qui n'y est pour rien, que celle qui consiste à tout lui dire.

Mais je ne tiens pas tout à fait le même raisonnement s'il s'agit d'une liaison. Qui dit liaison dit mise en place d'une vie parallèle faite de mensonges répétés, et ce, sur la durée.

La liaison peut renvoyer à un malaise dans le couple. Quand on entreprend de vivre une liaison, je ne saurais trop recommander de réfléchir sur ce qui se passe – ou ne se passe pas – dans le couple. Eclaircir pour soi la situation me semble la seule attitude à adopter dans ce cas.

Il se peut, en effet, que même en vivant une liaison, il ne faille pas parler. J'ai plusieurs exemples de couples qui ont vécu cette situation. L'un – ou l'une – a entretenu une liaison pendant plusieurs mois – voire plusieurs années – sans rien en dire à l'autre qui n'a rien su (ou qui, soupçonnant quelque chose, a préféré fermer les yeux). Ces couples fonctionnent aujourd'hui très bien sans qu'il ait été besoin de dire, d'avouer quoi que ce soit.

- *« J'aime mon mari... Je n'ai jamais eu l'intention de le quitter. »*

- *« Quitter Nicole ? Pour quoi faire ? Je l'aime ! S'il y avait eu le moindre danger pour elle de le savoir, j'aurais rompu tout de suite ! »*

Ce sont des commentaires que j'ai entendus.

Alors que faire ? D'abord réfléchir, seul, à ce que cette liaison signifie. Si le couple continue de fonctionner, mieux vaut ne rien dire. Si cela dénote un malaise sérieux dans le couple, peut-être faut-il se préoccuper de le résoudre et ne parler qu'en dernier ressort.

Distinguons donc bien les deux situations : l'aventure d'un soir, qui nous renvoie à notre faillibilité humaine ; la liaison, qui peut révéler – ou non – un problème dans le fonctionnement intrinsèque du couple.

Essayons de nous taire dans le premier cas... et de parler de ce que vit le couple dans le second.

Dans les deux cas, assumons ce que nous mettons en place. Ne prenons pas l'autre comme « déversoir » de notre propre malaise. C'est le moindre des égards que nous puissions avoir envers la personne avec laquelle nous vivons.

XI

VOUS N'ÊTES PAS DES ANIMAUX !

« Tout homme a le droit de dire ce qu'il croit être la vérité, et tout autre a le droit de l'assommer pour cette bonne raison. »

Samuel JOHNSON

« L'instinct, c'est l'âme à quatre pattes ; la pensée, c'est l'esprit debout. »

Victor HUGO

Je le pense, donc je le dis
Je le sens, donc je le fais

« Ce qui, probablement, fausse tout dans la vie c'est qu'on est convaincu qu'on dit la vérité parce qu'on dit ce qu'on pense. »

Sacha GUITRY

S'il y a un sujet qui risque de me faire perdre ma bonne humeur légendaire, c'est bien celui que je vais aborder maintenant.

Car le « Je le pense, donc je le dis », assorti de son cousin « Je le sens, donc je le fais » sont les plaies d'une société sous l'emprise de concepts psychologiques mal digérés et font des dégâts considérables.

Voici ce que l'on entend régulièrement :

• « *Je n'avais pas envie de garder ça pour moi, alors je lui ai dit ce que je pensais.* »

• « *Moi, je dis toujours ce que je pense. Comme ça, pas de malentendus !* »

• *« Je suis franche, moi. Je trouve qu'on devrait toujours dire ce qu'on pense. »*

• *« Les gens sont d'une hypocrisie! Moi, il faut que ça sorte. Je dis toujours ce que je pense. »*

Ou encore :

• *« Je devais y aller, mais je ne l'ai pas senti. Alors je suis resté à la maison. »*

• *« Je sentais qu'il fallait lui dire... Une intuition... Alors je me suis lancée. »*

Etc.

Sous couvert d'authenticité, de franchise, on va lâcher des « *scuds* » qui vont atterrir sur le destinataire; dans le meilleur des cas, il ne va rien comprendre; dans le pire des cas, il va être anéanti par ce qu'il entend.

Car les personnes qui disent tout ce qui leur passe par la tête sont rarement subtiles et délicates. Il leur arrive donc de faire des dégâts qui peuvent se révéler très graves.

Comment savoir, en effet, si la personne qui est en face est à même de recevoir ce que vous lui lancez?

Le « Je le sens donc je le fais » (ou sa variante) nous fait agir comme des animaux. La pulsion de faire ou de dire est là et je cède à cette pulsion, sans m'accorder le petit sas nécessaire pour réfléchir à l'opportunité de mon attitude.

Je ne prends pas la peine de vérifier s'il est adéquat de faire ou de dire : le lieu, le moment, l'état émotionnel de la personne en face ne sont pas même examinés.

Ecoutons Fabrice, directeur de la communication d'un grand groupe.

Il vient de passer trois mois à préparer une convention nationale. Organisation, communication, tout repose sur lui. Le jour J arrive.

« Tout s'est passé à merveille. Pas d'accroc, rien. Un boulevard ! Je n'en revenais pas moi-même. C'était d'autant plus important que suite à cette prestation, je devais bouger à la direction européenne du groupe. Le lendemain matin, le P-DG m'appelle pour me féliciter et m'annonce qu'il va donner un cocktail pour me remercier, mon équipe et moi, du travail fourni, ce qui est assez exceptionnel, dans la maison. Le jour retenu par lui était le surlendemain.

« Le jour du cocktail, j'étais toujours épuisé. Alors, au moment d'y aller, j'ai hésité... et puis j'ai décidé de m'écouter : je suis rentré chez moi. Mon adjoint était présent, c'était suffisant. »

Même si cette histoire peut paraître ahurissante – ce que je reconnais volontiers ! – elle est, malheureusement, authentique. Inutile de vous dire que l'attitude de Fabrice n'a pas exactement été comprise en haut lieu... et que sa promotion est remise *sine die*.

Fabrice n'a pas bien saisi ce qui se passait, le lendemain, quand il est revenu à son bureau. Et quand il me raconte son histoire, il paraît encore tout étonné :

« *Mais j'avais le droit d'être fatigué... Après tout le boulot que j'ai fourni ! Ne pas y aller, c'était me respecter ! Ils auraient pu comprendre !* »

Et non, Fabrice, un patron ne peut pas comprendre qu'on soit trop fatigué pour aller à un cocktail qu'il organise en votre honneur et en celui de votre équipe. Il ne peut absolument pas comprendre que vous vous *respectiez* en ne venant pas. Il ne voit, n'enregistre que l'affront que vous lui avez fait, en public, de surcroît.

Il était parfaitement inapproprié de ne pas se présenter à cette manifestation. A cette occasion, il fallait se forcer un peu et ne pas tenir compte du ressenti.

Ecoutons maintenant Sophie qui passe un moment chez son amie Florence. Sophie a deux enfants qui ont le même âge que les deux enfants de son amie.

« *Il était 22 h 30 et les enfants (4 et 7 ans) n'étaient toujours pas couchés. Après des ruses de sioux, elle réussit à les mettre au lit... et jusqu'à 23 heures, elle a fait la navette entre la chambre et le salon.*

« Impossible d'avoir une conversation suivie. Quand, enfin, ils se sont endormis, elle s'est assise dans le canapé, épuisée, et là, je n'ai pas mâché mes mots, je lui ai dit ce que je pensais de son attitude.

« J'ai dû y aller un peu fort car elle m'a envoyée promener, et après elle s'est mise à pleurer... Je ne savais plus quoi faire... »

Sophie a, en effet, perdu une bonne occasion de se taire. Si Florence lui avait demandé son avis, elle aurait pu le lui donner. Mais là, Florence ne demandait rien... que de pouvoir respirer un moment. Elle n'avait sûrement pas envie d'écouter les précieux conseils de son amie, son incapacité à régler la situation était suffisamment éloquente pour que Sophie n'en rajoute pas.

Gardons-nous alors d'intervenir avec toute notre « science » si personne ne nous le demande. Ou faisons-le « sur la pointe des pieds », avec un maximum de délicatesse et de tact, même avec nos meilleurs amis.

Cela revient donc à dire que, certes, « je le pense », certes « je le sens », mais que cela ne peut suffire. Il va falloir se laisser un petit sas suffisant pour vérifier :

- *s'il est adéquat de dire ou de faire ce que l'on sent ;*

ou, à tout le moins :

• *si l'on peut assumer ce que l'on déclenche en disant ou en faisant ce que l'on sent.*

Pour illustrer ce dernier point, voyons l'exemple de Charlotte.

Elle confie son fils de 4 ans à la garde de sa mère, quatre jours par semaine. Or, elle n'est pas d'accord sur la façon qu'a sa mère de nourrir son fils : trop de charcuterie, de féculents... A chaque fois qu'elle s'en rend compte, elle vire au rouge et lui dit son fait, en des termes très peu choisis. Ecoutons-la :

« *Je lui ai dit que je ne voulais pas que Kevin ait un problème de poids, comme elle. Elle est énorme et je le lui ai dit. Je ne vois pas pourquoi mon fils devrait faire les frais de son aberration alimentaire. Pour être en accord avec moi, je devais le lui dire... Sinon, je m'en serais voulu...* »

Je ne sais pas exactement comment elle s'y est prise, mais sa mère lui a laissé quinze jours pour trouver une autre personne pour garder Kevin.

Résultat, Charlotte pleure que sa mère ne l'aide pas, qu'elle la rejette, etc.

Mais oui, Charlotte, votre mère en a assez de vos insultes répétées. Il ne faut pas vous étonner qu'une personne que vous malmenez vous envoie promener. C'est dans la logique des choses. Au nom de quoi votre mère aurait-elle à supporter cela ? Parce que vous êtes sa fille ?

Résumons : par un souci réel de l'hygiène de vie de son fils, et parce qu'elle veut, comme elle dit, être en accord avec elle-même, Charlotte manque de respect à sa mère qui, logiquement, veut mettre un peu de champ dans leur relation.

« Alors, il fallait que je me taise ? Que je la laisse faire ? »

Dans l'idéal, oui. Charlotte a choisi sa mère pour garder son fils. Or, elle connaît sa mère et sait ce qui ne lui convient pas chez elle. Elle n'a pas réalisé que sa mère... était sa mère et qu'elle n'allait pas changer d'un coup de baguette magique. Charlotte ne peut pas prendre juste ce qui lui convient (la disponibilité de sa mère) et rejeter ce qui lui déplaît (la composition des repas). Il faut qu'elle prenne le tout.

Mais le principe de réalité est là. Charlotte a besoin de sa mère car elle ne peut financièrement pas faire face aux frais de garde.

Si Charlotte s'y était prise autrement, peut-être sa mère aurait-elle fini par comprendre le point de vue de sa fille et s'y serait-elle rangée ou auraient-elles trouvé, ensemble, un compromis.

Si Charlotte avait réfléchi un tout petit peu avant de parler, elle ne se serait pas mise dans cette situation délicate tant sur le plan affectif que sur le plan matériel.

Assumer ce que l'on déclenche en parlant trop vite est la moindre des choses en termes de responsabilité. On peut laisser échapper des paroles blessantes ou agressives mais il ne faut pas s'étonner de ce qui suit.

Il ne s'agit pas ici de prôner le silence et le contrôle absolu. Ne rien dire n'est pas non plus la bonne attitude.

Si je ne dis jamais rien, j'implose... Si je dis trop, l'autre risque d'exploser.

Essayons, autant que faire se peut, de réfléchir un tout petit peu avant de parler. Si je vois une personne qui me plaît dans la rue, je ne me jette pas sur elle pour l'embrasser... Je prends le temps de voir si mon attitude est adéquate ou non. Je réfléchis.

Cette faculté de réflexion est l'une des choses qui nous différencient des animaux.

Et s'il nous arrive – ce qui est inévitable, car nous sommes faillibles – de parler à tort et à travers, ne nous étonnons pas de la réaction provoquée et assumons ce que nous avons déclenché.

C'est bien le moins qu'un adulte responsable puisse faire!

XII

PEUT-ON VRAIMENT CHANGER ?

« Donnez-moi la sérénité d'accepter ce que je ne peux pas changer, le courage de changer ce qui peut l'être, la sagesse de distinguer l'un de l'autre. »

MARC AURÈLE

« L'homme absurde est celui qui ne change jamais. »

Georges CLEMENCEAU

Changer l'autre... ou changer le regard que je porte sur l'autre ?

« Jamais tu ne feras qu'un crabe marche droit. »

ARISTOPHANE

J'ai bien peur d'énoncer un truisme, mais l'idée que l'on ne peut changer l'autre est irrémédiablement juste. Tout le monde le sait. Personne ne dit le contraire. Cela atteint l'entendement de chacun d'entre nous.

Or, une grande majorité s'applique à vouloir faire le contraire.

Vous ne me croyez pas ? Regardez autour de vous – et regardez-vous !

• *Jules s'épuise à expliquer à ses parents qu'ils doivent sortir un peu parce que « cela leur fera du bien »...*

• *Annette fait une vie impossible à son frère dès qu'il allume une cigarette...*

• *Armand reproche de plus en plus souvent à sa femme son tempérament colérique... qu'elle a depuis qu'ils se connaissent.*

• *Cathy a embauché Michel pour sa créativité et ne cesse de lui reprocher son manque de rigueur...*

La liste est longue et je suis sûre que vous pouvez la poursuivre sans difficulté.

« *Alors, l'autre ne peut pas changer ? Je change bien, moi !* » me disait, l'autre jour, Eric.

Mais justement, Eric change parce qu'il se rend compte qu'il vaut mieux pour lui et sa relation à l'autre qu'il change. Au stade où il est arrivé, il est profondément convaincu que c'est à lui de modifier certains de ses comportements pour son propre bénéfice.

Il ne change pas parce qu'on le lui demande. C'est lui qui en ressent le besoin.

Car une chose est certaine : nous n'avons aucun pouvoir sur l'autre. Nous pouvons simplement le pousser à réfléchir sur tel ou tel aspect de ses comportements qui nous déplaisent en espérant que cette réflexion le conduise à amorcer un changement.

Or, pour amorcer un changement, il faut que l'autre s'approprie l'idée et soit peu à peu convaincu que, *pour lui*, il doit changer.

Prenons l'exemple de Marijane.

Marijane a vingt kilos de trop. Tout son entourage (mari, parents, enfants, amis,) lui met une pression gigantesque pour qu'elle maigrisse. Tous les arguments sont avancés. Rien n'y fait. Au fil des années, Marijane grossit, inexorablement. Un soir de Noël, elle découvre, sous le sapin, un petit mot de son fils, 14 ans : « Mon plus beau cadeau serait que tu perdes du poids. Parce que je t'aime. » Ecrasée par l'émotion, Marijane s'engage à suivre un régime à partir du 1er janvier.

Et elle tient sa parole. En six mois, elle perd quatorze kilos. La famille applaudit. Dix-huit mois plus tard, Marijane se retrouve avec neuf kilos supplémentaires... Elle en a maintenant vingt-trois en trop.

Que s'est-t-il passé ? Il s'est passé que Marijane a maigri pour faire plaisir à son entourage. L'idée ne venait pas d'elle. Elle ne l'a pas faite sienne.

Pour que Marijane puisse maigrir, il faut qu'elle réfléchisse. Qu'elle mette du sens sur son surpoids, et c'est alors, seulement, qu'elle pourra décider ou non d'agir.

Non, on ne peut pas obliger l'autre à changer. Le seul pouvoir que l'on ait est de changer le regard que l'on porte sur l'autre.

Pour reprendre les exemples cités en début de chapitre :

- *Jules doit laisser ses parents vivre à leur façon et les regarder évoluer avec leurs propres critères. Il veut qu'ils sortent plus ? Qu'il leur propose une sortie dans les bois, mais qu'il ne leur fasse pas un discours sur ce qu'ils devraient faire pour avoir une vie meilleure... selon lui !*

- *Annette est contre le tabac. Croit-elle un instant que son frère n'en connaisse pas tous les dangers ? Annette doit accepter ce frère fumeur en espérant qu'il comprenne un jour, de lui-même, combien il serait salutaire qu'il s'arrêtât.*

- *Armand a une femme colérique. Il peut lui en parler en lui expliquant combien ces colères déstabilisent la famille. Mais il doit changer le regard accusateur qu'il porte sur elle à chaque éclat.*

- *Cathy voulait quelqu'un de créatif... avec toutes les qualités d'un gestionnaire hors pair, ce qui est souvent incompatible. Il va falloir que Cathy détermine ses priorités : créativité ou rigueur ? Si c'est la créativité qu'elle recherche en Michel, elle va devoir changer le regard qu'elle porte sur lui et l'accepter pour la qualité qui l'a séduite au départ.*

Si les parents de Jules vivent très bien sans sortir, ils ne changeront pas.

Si le frère d'Annette ne se sent pas près d'arrêter de fumer, il ne changera pas.

Si la femme d'Armand ne voit pas le danger pour sa famille de se mettre en colère, elle ne changera pas.

Si Michel n'est pas convaincu qu'un peu de rigueur ne peut nuire à sa créativité, il ne changera pas.

Je le répète : nous n'avons pas le pouvoir de faire changer l'autre. Nous avons juste le droit d'énoncer légitimement ce qui ne nous convient pas et nous devons laisser l'autre en tirer les conclusions qu'il veut... ou qu'il peut.

Ecoutons Hélène :

*« J'avoue que j'ai toujours été assez intolérante. J'ai été élevée par des parents plutôt racistes et bien que je m'en défende, cela a laissé des traces en moi. Il m'arrive donc d'avoir des attitudes un peu contestables. Des petites phrases comme : " Pas étonnant, c'est un Noir " pour démontrer je ne sais quoi. Ou : " C'est fou ce qu'il y a d'Arabes ici. " Je vois bien que cela irrite profondément Vincent (*son mari*), même s'il ne dit rien. Un jour où j'étais allée un peu loin – je me souviens, on était en voiture – il a freiné, s'est garé et m'a demandé calmement quel était mon problème avec les étrangers. S'en est suivie une conversation un peu animée, mais qui m'a fait réfléchir. On a commencé à en parler régulièrement pour voir ce qui m'amenait à réagir comme ça. Et j'ai continué la réflexion toute seule. J'ai compris des tas de choses et*

j'en suis arrivée à la conclusion que ce comportement n'était pas le mien, mais celui de mes parents... que je critiquais durement. Je dois dire que je me sens délivrée d'un grand poids. »

Vincent supportait mal l'attitude d'Hélène. Il n'a rien dit pendant de longs mois et un jour il a parlé. Calmement. Cette position pondérée de Vincent a enclenché la réflexion d'Hélène, mais c'est elle qui a décidé de mettre du sens sur tout cela, l'amenant à changer.

Non seulement nous passons notre temps à vouloir l'autre différent de ce qu'il est, mais, en plus, nous aimerions qu'il soit comme nous :

• *On est plutôt pointilleuse sur le rangement et on vit avec un désordonné → on veut le transformer.*

• *On est tenaillé par le désir de maternité/paternité et notre partenaire ne veut pas d'enfant → on va la/le convaincre.*

• *J'adore l'imprévu et mon mari n'a jamais brillé par sa fantaisie → je le lui reproche sans arrêt.*

• *J'ai appris le piano et ma fille n'a aucune disposition pour la musique, elle préfère la danse → je l'inscris au conservatoire... de musique.*

• *Je passe des heures au téléphone et mon amie me dit qu'elle déteste ça → je lui fais des scènes sans arrêt sur le sujet.*

Arrêtons de vouloir changer l'autre. Nous avons déjà bien des difficultés à changer ce qui est en nous, sans y parvenir jamais tout à fait. Car oui, il faut bien l'admettre, il y a des choses que nous n'arriverons jamais à changer définitivement en nous-mêmes : il faut le savoir et cesser de se leurrer. Nous devrons alors vivre avec cette partie de nous qui ne nous plaît pas, en essayant de minimiser l'impact négatif que cela peut avoir sur notre vie.

Si par exemple Marijane n'arrive jamais à stabiliser son poids à un stade optimum, elle va devoir vivre avec ses kilos en trop toute sa vie. Elle devra faire le travail de deuil du poids idéal, s'accepter et vivre ainsi le reste de ses jours.

Mais pour en terminer avec ce sujet qui est de changer l'autre, la question qui s'impose alors est la suivante :

Qui sommes-nous pour prétendre savoir mieux que l'autre ce qui est bon pour lui ?

Comprendre n'est pas résoudre

« La réponse est le malheur de la question. »

Maurice BLANCHOT

Je reçois assez régulièrement ce que j'appelle de vieux « briscards » de la thérapie. Ils ont écumé les cabinets de plusieurs thérapeutes, usé les divans et les fauteuils, ont fait un travail remarquable avec chacun d'entre eux... et ils se retrouvent face à moi, un peu moins démunis que la plupart, mais pour autant incapables de mener leur vie de façon satisfaisante.

Que leur est-il donc arrivé ? A beaucoup, la même chose. Ils sont partis trop tôt. Ils se sont levés, ont serré pour la dernière fois la main de leur thérapeute et, heureux d'avoir enfin compris leur histoire, se sont retrouvés avec toute cette connaissance... sans savoir trop qu'en faire.

Oui, comprendre son histoire n'implique pas automatiquement que l'on sache comment se débrouiller ensuite pour vivre sa vie.

Micha qui hésite à comprendre d'où viennent ses difficultés avec les femmes me dit, fort justement : « *Ça ne m'avance pas tellement de savoir d'où ça vient... Je ne vois pas en quoi cela va changer mon rapport avec les femmes.* »

C'est que comprendre n'est qu'une des phases qui peuvent mener au changement. Une des phases seulement, car nous allons voir quel est le processus complet qui mène au changement.

D'abord, on doit *identifier le problème* (phase 1).

Ici, dans le cas de Micha : « *Les femmes me font un peu peur.* » Et l'on va chercher tous les cas de figure dans la vie de Micha qui vont confirmer ou infirmer ce qu'il avance.

Ensuite, on va essayer de *comprendre d'où vient ce problème* (phase 2).

Dans l'histoire de Micha, trois figures paraissent importantes : une nourrice, une tante et une grand-mère.

Puis il va falloir *admettre, accepter* (phase 3).

Admettre plusieurs choses dans le cas de Micha. Il annonce des difficultés avec les femmes, mais a tendance à les minimiser, à rejeter la faute sur la gent féminine, en général.

Micha va devoir reconnaître, admettre, les réelles difficultés qu'il rencontre.

Puis Micha va devoir accepter que les trois figures féminines de son histoire sont les sources probables des problèmes qu'il évoque aujourd'hui.

Et c'est une fois ces trois phases bien intégrées que le changement peut s'opérer, le dernier point – admettre – étant de loin le plus difficile et souvent le plus douloureux.

Il existe, en effet, un malentendu tenace avec le mot « admettre ». Ce mot fait peur, comme s'il était synonyme de « figer ».

Or « admettre » n'a rien à voir avec « se résigner », « s'immobiliser ». « Admettre », c'est accepter que, à l'instant T où je parle, je suis comme ça.

Micha doit accepter l'idée qu'il a peur des femmes. Et c'est cette acceptation, cette reconnaissance de son état d'aujourd'hui, qui peut le conduire à changer demain.

S'il n'admet pas clairement sa peur, rien ne changera. Comment, en effet, agir sur quelque chose que je ne veux pas voir ?

Si, par exemple, on ne veut pas voir que l'on souffre d'une importante surcharge pondérale, comment peut-on décider de se mettre au régime ?

Ces trois phases s'apparentent à l'état des lieux que l'on fait quand on entre dans un appartement. On relève tout ce qui ne fonctionne pas, pourquoi cela ne fonctionne pas, et l'on met en place la solution pour que tout rentre dans l'ordre.

Mais si l'on se contente de dresser une liste des dysfonctionnements et de leurs causes, on n'est pas très avancé, les travaux ne risquant pas de se faire tout seuls.

Dans cet exemple, on voit bien que comprendre n'est pas résoudre.

Cela semble évident et pourtant la résistance dans cette phase est considérable.

Alors que les trois premières phases du changement ont plutôt répondu aux « Pourquoi ? », la quatrième va s'intéresser aux « Comment ? » (phase 4).

Oui, comment fait-on avec ce que l'on vient de comprendre de son histoire ?

Une fois que Micha a franchi les trois phases décrites plus haut, il est prêt à s'attaquer aux « Comment ? ». C'est là qu'intervient une notion complètement essentielle : la responsabilité.

« *Est-ce que je veux vraiment changer et suis-je prêt à prendre la responsabilité de ma vie ?* »

Question indispensable car on se rend compte que souvent, ce n'est pas si clair. Les résistances sont puissantes.

« *Je veux bien changer, mais si je change, les preuves des préjudices subis disparaissent. Et je ne pourrai plus en vouloir aux personnes qui sont les causes de mon malaise.* »

En décidant d'amorcer le changement, je deviens entièrement responsable de ma vie. Il n'y a plus de « c'est la faute à... ». C'est moi qui pilote, je ne suis plus dans le fourgon à me laisser ballotter en me soumettant aux événements.

Si l'on comprend bien cette étape, on peut dire que c'est pratiquement gagné. (Gagné ne voulant pas dire facile !) En effet, on va expérimenter d'autres choses, d'autres comportements.

Micha en est là. Il s'ouvre peu à peu aux autres et, parmi les autres, il y a des femmes. Il essaie de les voir spécifiquement et non comme une entité vaguement hostile. Il découvre et s'étonne. Il est sur le bon chemin.

Car la dernière phase (phase 5) du changement est *l'intégration, la digestion*. Micha a bien intégré qu'il ne sera sorti d'affaire que lorsqu'il aura parfaitement digéré tout ce qu'il a compris, tout ce qu'il expérimente jour après jour.

Mais ne nous leurrons pas : nous ne pouvons pas changer radicalement. Nous pouvons juste changer suffisamment pour que nos souffrances s'apaisent, pour que notre vie devienne plus satisfaisante. Et ce n'est pas si mal, après tout.

Mes « briscards » de la thérapie, pour en revenir à eux, ont souvent abandonné le travail, au pire, en phase 2, au mieux, au cours de la phase 3. Comme s'il suffisait d'avoir tout compris pour savoir mener sa vie.

Si c'était le cas, la simple lecture d'un livre éclairé suffirait. Or, il n'en est rien comme nous le montre la comparaison avec l'état des lieux.

Alors un petit conseil, si vous le permettez. Ne serrez la main de votre thérapeute pour lui dire adieu que lorsque vous êtes sûr d'avoir passé toutes les phases décrites plus haut.

Vous mettrez alors tout de votre côté pour continuer votre route au volant de votre existence, et non à l'arrière de la fourgonnette.

Accepter n'est pas se résigner

> « C'est une prévoyance très nécessaire
> de sentir qu'on ne peut tout prévoir. »
>
> Jean-Jacques ROUSSEAU

La phase d'intégration (voir chapitre précédent) est souvent polluée par la peur de changer.

On sait qu'il faut aller dans cette direction, pour son propre bien-être. On veut vraiment... mais quelque chose résiste et on n'y arrive pas.

J'entends alors : « Mais puisque j'ai tout compris, tout digéré, ça devrait être facile ! »

Eh bien non.

Savoir où l'on veut aller ne rend pas les choses plus faciles. Si je sais que je veux battre le record d'alpinisme, je vais tout mettre en œuvre pour y arriver. Cela n'allège en rien la difficulté. Cela ne retire pas l'appréhension et les doutes qui me tenailleront au moment du départ et en cours de route, mais je décide tout de même de partir.

Il est frappant de constater que l'on préfère souvent ses souffrances anciennes au saut à l'élastique que représente l'inconnu, même si l'on présage que cet inconnu sera meilleur. Nous tenons à nos vieilles souffrances, elles nous sont familières. On sait comment se comporter avec elles. Comme des vieilles chaussures un peu étroites qui nous ont toujours blessés aux talons, mais que l'on porte plutôt que de s'en acheter de nouvelles.

De l'inconnu, nous ne savons rien et cela nous fait peur. Or la peur ne devrait jamais empêcher de faire. On peut faire avec la peur. C'est même la définition du courage. J'ai peur et je fais. Je surmonte mon appréhension.

Cette résistance au changement ne se rencontre pas seulement en thérapie. Dans le quotidien, nous sommes appelés à prendre des décisions qui vont avoir un impact plus ou moins grand dans notre vie.

Si je décide de choisir l'aile plutôt que la cuisse du poulet que j'affectionne habituellement, les retombées ne seront pas bien graves.

Mais, reconnaissons-le, certaines décisions sont autrement difficiles à prendre.

C'est qu'il y a quelques idées fausses qui circulent et qui ont la vie dure. Voici les phrases que j'entends le plus souvent :

- *Comment je peux savoir si ce sera mieux si je prends telle direction ?*

- *Comment savoir si je ne me trompe pas ?*
- *Et si j'échoue ?*

Comme peu de personnes ont un don de voyance, on ne sait jamais si ce que l'on entreprend va réussir ou non. On peut juste y avoir suffisamment réfléchi pour mettre tout de son côté.

A un moment donné, il va donc falloir se lancer.

« *Moi, si je sais que je peux me planter, alors je ne le fais pas,* me dit un jour le jeune Rafik.

– *Alors, vous ne ferez jamais rien, puisque vous n'avez pas la capacité d'appréhender le futur* », lui ai-je répondu.

Pour ces personnes, le frein principal à la réalisation de ce qui leur tient à cœur est la peur irraisonnée de l'échec.

Or, si l'on peut prendre les précautions maximales pour réussir, rien ne peut garantir que l'on ne va pas échouer dans notre entreprise. Car nous dépendons aussi de notre environnement : nous ne sommes pas les seuls en cause.

Rafik veut changer d'orientation professionnelle. Il est en première année de droit et il se rend compte que cela ne lui plaît vraiment pas.

Il veut s'orienter vers une fac de langues. Il s'est renseigné sur le contenu des études, sur les débouchés, a multiplié les rendez-vous avec des professeurs... Que peut-il faire de plus ?

S'il se « plante », comme il dit, eh bien, soit il reviendra en droit, soit il choisira un autre secteur. Ce n'est pas agréable mais ce n'est pas un drame non plus.

S'il attend d'être sûr de réussir, il se retrouvera avec une grande barbe sur les bancs de la fac... de droit.

Pour changer, il faut donc prendre des risques. Mesurés, mais tout de même des risques. Et il faut s'interroger sur cette peur de l'échec qui nous colle à la peau.

Plus l'enjeu est important, plus la peur s'installe.

• *Ainsi Jacques qui vit avec son compagnon à Paris où ils travaillent tous les deux dans une agence de publicité. Cela fait maintenant deux ans qu'ils étudient la possibilité de s'installer à la campagne pour participer à la réhabilitation d'un petit village des Pyrénées. Ils n'osent pourtant pas faire le grand saut. « Et si on ne supporte pas ? »*

Comment le sauront-ils, s'ils n'essaient pas ? Ils ont préparé ce départ avec tout le sérieux requis. A eux de sauter, maintenant.

• *Ainsi Mélina et son mari qui ont toujours rêvé de prendre une année sabbatique avec leurs enfants pour leur montrer le monde.*

« Et si les enfants sont malades ? Et si on n'arrive pas à les faire travailler ? »

Même réponse que pour Jacques et son compagnon.

• *Ainsi Didier qui choisit d'investir un budget important dans la construction d'un ULM.*

« Et si j'abandonne en cours de route... J'aurai dépensé de l'argent pour rien ! »

Même réponse que précédemment.

Des exemples, j'en ai à foison. Nous nous freinons dans nos entreprises, parce que nous avons peur d'échouer.

Or, l'échec fait partie de la vie, au même titre que la réussite d'ailleurs, et il nourrit notre expérience. Je dirai même que l'échec n'est vraiment un échec que si je ne fais rien de ce que je viens de vivre. Si j'en tire les enseignements souhaités, alors mon échec devient une expérience qui va m'enrichir et me servir pour la prochaine décision que j'aurai à prendre.

Pour finir, rappelons que la prise de risque est indissociable de l'idée de changement. Nous n'avons pas de boule de cristal. Nous devons juste compter sur nous... et oser !

Alors, prenons nos précautions... réfléchissons, et osons !

Les phénomènes de répétition

« On ne fait pas ce qu'on veut. Pourtant on est responsable de ce qu'on fait. »

Jean-Paul SARTRE

« Il est de la nature de l'évidence qu'elle passe inaperçue. »

Jean PAULHAN

Savina se met depuis toujours dans des situations délicates. Que ce soit dans le domaine privé ou professionnel, elle a le chic pour mettre tout en place et revivre sans relâche les mêmes désagréments. On dirait qu'elle ne tire aucun enseignement de ce qu'elle vient de vivre. Elle est d'ailleurs la première à en faire la remarque :

« *Je me fourre toujours dans les mêmes histoires. Je ne comprends pas comment je m'y prends. Je tombe toujours sur l'homme le plus immature de la soirée. Ils pourraient tous être frères jumeaux... Cela fait quatre fois que je change de boîte et, à chaque fois, je me retrouve à travailler comme une malade jusqu'à 22 heures alors que les autres ferment leur ordinateur à 19 heures. Vraiment, j'ai un truc qui ne va pas.* »

Les phénomènes de répétition sont bien connus. Il y en a de positifs et de ceux-là on ne se plaint pas. Ceux que nous avons du mal à comprendre sont, bien sûr, les répétitions négatives. Celles qui ne nous mènent nulle part. Celles qui nous font souffrir. Soit nous en vivons nous-mêmes, soit nous les observons dans notre entourage. Avouons, d'ailleurs, qu'il est beaucoup facile de détecter cela chez celui qui est en face que chez nous.

Il nous est, en effet, peut-être arrivé de prononcer une phrase comme : « *Je me demande pourquoi elle sort toujours avec un homme marié, elle qui veut bâtir une famille* », alors que, par exemple, nous ne voyons pas que les deux hommes qui ont partagé nos vies sont les clones parfaits de papa… que nous avions du mal à supporter.

(Mettez ce qui précède au masculin, cela marche aussi !)

Le phénomène de répétition est aussi bien connu dans le cas de la transmission transgénérationnelle. On a en mémoire les cas extrêmes d'enfants battus ou abusés qui deviennent eux-mêmes des adultes violents et abuseurs. Mais certaines transmissions sont plus mystérieuses, plus cachées. Les

« secrets de famille » sont, par définition, tus. Pourtant on en retrouve des traces, de génération en génération.

J'ai le souvenir de l'étonnement d'une jeune femme face à cette transmission du non-dit. Elle était mariée à un handicapé. Son père était lui-même handicapé. Un travail sur sa généalogie a montré que depuis quatre générations, les femmes avaient toutes épousé des hommes porteurs d'un handicap.

Il y a donc toujours quelque chose à comprendre quand on se trouve devant ces phénomènes de répétition que l'on ne maîtrise pas.

Comment, en effet, expliquer ce phénomène ? Qu'est-ce qui fait qu'à chaque fois nous reproduisions inexorablement le même scénario et, surtout, comment arriver à sortir de cette situation ?

Pour comprendre le processus, il faut savoir que le phénomène de répétition nous conduit à revivre une situation de notre passé, un épisode de notre histoire même si nous l'avons mal vécu. Et c'est cette « reconnaissance » familière qui nous attire comme un aimant dès que nous rencontrons une situation similaire.

Si mes parents n'ont pas brillé par leur sens des responsabilités et leur investissement dans leur rôle d'éducateurs, peut-être vais-je être attiré(e) par un/une partenaire qui va avoir du mal à s'engager. Et quel est le genre de personne qui ne peut s'engager auprès de moi pour une vie à deux, par exemple ? L'homme (ou la femme) marié(e), bien évidemment.

Si les circonstances ont fait que j'ai passé mon enfance à m'excuser d'être là et à tout faire pour me faire aimer, je ne vais pas pouvoir me positionner face à l'autre. Une fois adulte, au bureau, par exemple, je vais avoir tendance à rejouer le même scénario : je vais tout accepter dans l'espoir de me faire encore plus apprécier.

Dès que nous repérons un phénomène de répétition dans notre fonctionnement, il faut impérativement comprendre ce que nous rejouons. C'est la première étape qui peut nous conduire à faire cesser le processus. Tant que ce travail n'est pas fait, nous continuerons à subir ce mécanisme.

Une fois que nous savons d'où vient ce fonctionnement, nous allons devoir nous poser la question suivante :

« *Est-ce que je désire vraiment que cela s'arrête ?* »

La question que je pose à Savina est donc :

« *Avez-vous vraiment envie de rencontrer un homme qui puisse vous rendre heureuse ?*
– *Bien sûr que oui... C'est évident !* »

Evident, pas si sûr. Car les résistances sont puissantes chez Savina (comme chez la plupart des personnes dans la même situation).

C'est à ce moment de la réflexion qu'interviennent les fameux « bénéfices secondaires » liés au processus de répétition.

Les bénéfices secondaires sont les avantages cachés liés à une situation dont je ne veux plus et qui, soit me font répéter sans cesse les mêmes erreurs, soit m'empêchent de sortir de la situation qui me fait souffrir, qu'elle soit liée ou non aux phénomènes de répétition.

Quels sont les bénéfices secondaires pour Savina de choisir à chaque fois, selon ses dires, le plus immature des immatures ? Alors qu'elle connaît parfaitement sa propension à se mettre dans ce genre de situation, quels avantages tire-t-elle à rejouer indéfiniment le même scénario ?

« *Aucun. Je n'ai aucun avantage. Que des inconvénients. Je souffre et il n'y a pas d'avantages à souffrir.* »

Mais si, Savina, il y en a même beaucoup. Comme, par exemple, de se poser en victime. Comme de ressembler à papa/maman. Comme de s'abriter peureusement derrière ce prétexte pour ne pas prendre de risque, comme de se déresponsabiliser en ne s'engageant pas.

Chacun, selon son histoire, va trouver des bénéfices à rester dans une situation qui le fait souffrir ou à rééditer toujours les mêmes erreurs.

Cette connaissance des bénéfices que nous retirons d'une situation dont nous ne voulons plus est l'autre étape qui peut nous conduire au changement.

Dans le cas de Savina et de sa difficulté avec les hommes, l'un des bénéfices principaux qui l'engluent dans ce mécanisme est son désir puissant de continuer la vie confortable qu'elle mène, seule. Elle veut profiter des avantages que lui donne sa totale liberté. Quoi qu'elle en dise, elle n'est pas prête à les abandonner. Et ce désir puissant de liberté entre régulièrement en conflit avec l'autre de ses désirs qui est de fonder un foyer.

« *Qu'est-ce qu'implique, pour vous, la vie à deux ?*, lui demandai-je un jour.

– *Des contraintes. Une montagne de contraintes. Les visites à la belle-famille, l'intendance, les enfants qui vous bouffent...* »

Savina voit surtout le côté contraignant de la vie à deux. Peu de léger, de positif, de tendre, d'amusant, de constructif.

On comprend aisément que, contrairement à ce qu'elle affirme, elle n'ait pas envie de se lancer dans cette aventure. Ses idées sur la vie à deux sont trop négatives. Et ses bénéfices pour rester célibataire trop forts.

Cette prise de conscience va aider Savina à franchir un cap. Elle va devoir faire le point sur ce qu'elle veut vraiment et travailler sur les idées qu'elle se fait du couple... et qui lui viennent du modèle parental.

Elle évitera ainsi de les transmettre à ses propres enfants, si elle en a un jour, brisant la chaîne de l'héritage transgénérationnel.

De même pour son comportement au bureau.

Elle devra comprendre pourquoi elle s'arrange toujours pour travailler bien au-delà de l'heure légale, alors que ses collègues ne se soumettent pas au même rythme. Elle devra chercher les avantages qu'elle met en place en acceptant ce que ses collègues refusent... jusqu'à ce qu'elle découvre le lien entre ce qu'elle vit aujourd'hui, avec ses collègues, et la compétition, assortie d'un chantage affectif, qui était le système instauré par ses parents entre tous les enfants.

Elle finira par admettre que son attitude au bureau n'a rien à voir avec ce que son patron attend d'elle... et que ce qu'elle cherche, encore aujourd'hui, se résume en deux mots : « *Aimez-moi !* »

Elle prendra conscience que, en particulier dans le cadre professionnel, l'enjeu affectif n'est pas le propos. Elle pourra alors se dégager de ce comportement qu'elle supporte de moins en moins.

Les bénéfices secondaires ne sont, bien sûr, pas toujours liés aux phénomènes de répétition. Dès qu'une situation génératrice de souffrance s'installe dans le temps sans que l'on puisse vraiment en sortir, il faut se poser une des deux questions suivantes (ou les deux) :

- *Quels bénéfices retiré-je de cette situation qui me fait pourtant souffrir ?*

Et/ou :

• *Qu'est-ce que j'évite quand je reste dans cette situation inconfortable ?*

Il y a forcément des réponses à trouver à l'une ou l'autre de ces questions (ou aux deux !).

Pour en revenir aux phénomènes de répétition, ils ne sont pas inéluctables. Le plus difficile est peut-être de les repérer.

A nous de les traquer dans nos vies. A nous de les analyser et de faire le lien avec notre histoire. A nous de ne pas nous cacher les bénéfices que nous retirons de ce processus. A nous, enfin, de nous poser la seule question valable :

Voulons-nous vraiment que cela s'arrête ?

N'ayez pas peur du vide !

> « Tout le malheur des hommes vient d'une seule chose, qui est de ne savoir pas demeurer en repos, dans une chambre. »
>
> Blaise PASCAL

« La nature a peur du vide. » Je ne sais pas si cette phrase ne concerne que les phénomènes de la physique, mais ce que je sais, en revanche, c'est que cette notion est délétère dès lors qu'il s'agit de la conduite de notre vie.

Voyons l'histoire de Katia : elle a quitté ses parents à l'âge de 22 ans pour aller vivre avec son petit ami... et les suivants. Jusqu'à ses 26 ans, âge auquel elle s'est mariée. Divorcée à 32 ans, elle enchaîne depuis les aventures, dans une espèce de stakhanovisme amoureux qui paraît sans fin. Ecoutons-la :

« Je ne peux pas me supporter seule. Si je n'ai personne dans ma vie, je panique. Il me faut quelqu'un

à qui penser, qui s'occupe de moi. Je ne suis jamais restée sans histoire amoureuse plus d'un mois. Ça me rassure même si, je l'avoue, j'ai vécu certaines " galères "... Peut-être faudrait-il que j'arrête... Mais j'ai peur de rester toute seule... J'ai peur du vide. »

Le grand mot est lâché : le vide. Un mot qui, je l'ai remarqué, fait effectivement souvent peur.

Pourquoi cette panique devant le vide ?

Probablement parce qu'on l'associe au néant, au rien. Et derrière ce rien, ce néant, se cache le rien existentiel, l'autre nom de la mort.

Se laisser aller au rien se vivrait donc, dans ce cas, comme une petite plongée vers la mort. Sinon, comment expliquer cette fuite en avant, cette frénésie à le combler ? Comment comprendre ce qui pousse à vouloir remplir ce vide avec, parfois, n'importe quoi ? A tout faire pour ne pas être dans le rien ?

C'est un peu ce que fait Katia qui enchaîne les histoires amoureuses les unes après les autres, « *sans temps mort* », selon son expression. La chaise du précédent est encore tiède, qu'elle n'a de cesse d'y faire asseoir le suivant. Katia fuit, et ce qu'elle fuit, c'est la confrontation avec elle-même.

Sa « compulsion » amoureuse va devoir être analysée. Et nous allons découvrir que Katia « meuble » ses journées de la même façon qu'elle installe les hommes dans sa vie, « *sans temps mort* ».

Toutes ses soirées sont prises par des activités diverses, ses week-ends sont soigneusement programmés. Pour Katia, il n'est pas question de laisser le plus petit espace-temps inoccupé.

« Sinon, j'ai l'impression que ma vie file, et que je perds mon temps.

– Parce que bien vivre sa vie, c'est la remplir d'activités ?

– Oui... C'est quoi, sinon, vivre ? »

Il va falloir que Katia admette qu'elle fuit, qu'elle *se* fuit. Que la programmation si serrée de sa vie l'empêche de réfléchir. Sur ce qu'elle fait, sur ses désirs, sur ce qu'elle veut réellement, sur ce qu'elle ne veut pas, ou plus. Il va falloir, en un mot, que Katia prenne la responsabilité de sa vie en assumant ses choix. Et tout ceci ne peut se faire dans la frénésie. Cela requiert un minimum de recul.

Cette course au remplissage fait des ravages autour de nous.

Que ce soit dans le domaine affectif, au bureau, dans les loisirs, dans l'éducation des enfants, aucun domaine n'est épargné.

Ecoutons Margaret et Samantha, mères de famille :

« Elle fait quoi, Chloé, le mercredi ?

– A 10 heures, je l'emmène au poney. Puis elle va avec d'autres enfants déjeuner chez une dame qui

leur parle anglais pendant deux heures. A 16 heures, elle a son cours de danse. On est juste rentrées vers 18 h 30 pour qu'elle fasse ses devoirs.

– Théo, lui ne voulait rien faire. Mais je l'ai inscrit au foot et au piano. Je ne veux pas qu'il " zone " toute la journée. J'aurais bien voulu qu'il fasse de l'anglais, mais le foot est à la même heure. Alors, tant pis... »

Tant pis... et tant mieux pour Théo ! On est épuisé d'avance à la seule lecture de l'emploi du temps de Chloé.

Ces mamans pensent agir pour le mieux, il n'y a pas de doute là-dessus. Et si elles établissent ces programmes chargés pour leurs enfants, c'est de peur qu'ils ne s'ennuient. Qu'ils « zonent », comme le dit Samantha.

Car l'enfant ne doit pas s'ennuyer.

Ah bon ? Et c'est écrit où, cela ? Dans quel mystérieux grand livre a-t-on pêché cette information que semble détenir une grande quantité de personnes ? Dans le vieux dicton « L'oisiveté est la mère de tous les vices » ?

Peut-être est-ce seulement inscrit dans l'imaginaire des parents qui, eux-mêmes, ne doivent pas bien vivre les périodes de creux.

Pourtant, il est bon qu'un enfant s'ennuie. Il est essentiel qu'il ait des périodes où rien ne lui est proposé pour qu'il puise et trouve en lui de quoi s'occuper. C'est cette période de creux qui va lui permettre de faire connaissance avec lui-même et ses ressources créatives personnelles. Si on le sature d'activités et que l'on répond toujours à ses « Je ne sais pas quoi faire » en lui présentant à chaque fois un catalogue d'occupations, il ne fera plus jamais l'effort de trouver par lui-même ce qui lui convient.

Et surtout, il enregistrera que la norme est d'être toujours occupé. Alors que si le parent répond à ses « Je m'ennuie » par « Ce n'est pas bien grave de s'ennuyer… Tu n'es pas obligé de faire quelque chose. Rêvasse… Ecoute de la musique… Ne fais rien. C'est bon de temps en temps », il inclura ces périodes de vacance dans le fonctionnement normal d'une vie.

Il est une autre période de vide, que quelques-uns d'entre nous connaissent bien. Ce sont tous ceux qui ont été touchés par le phénomène de la dépression. Quand on est plongé dans la dépression, on est au fond du trou et l'on est sûr que rien ne pourra nous tirer de là. On frôle le vide sidéral et l'impression que le néant n'est pas loin est tellement forte, la souffrance telle, qu'on ne sait pas ce qui pourrait nous en sortir.

Pourtant, tous ceux qui ont vécu la dépression et qui s'en sont sortis (et ils sont nombreux, heureusement !) le disent : ils ont émergé de ce néant plus forts, plus armés. Prêts à affronter l'avenir avec une confiance nouvelle. C'est qu'ils ont mis à profit cette période de latence pour réfléchir sur leur vie, leurs choix, leurs désirs. Ils se sont retrouvés face à eux-mêmes et ont puisé en eux les forces nécessaires pour donner le coup de talon salvateur.

Bien sûr, la dépression est une période douloureuse. Et il n'est pas obligé de se mettre en danger pour s'accorder le temps de la réflexion.

Sachons, en effet, reconnaître les signaux que la vie nous envoie. C'est le cas de Sébastien :

« Je viens vous voir parce qu'il m'arrive des trucs bizarres. Et je pense qu'il y a quelque chose à comprendre. Depuis trois ans, j'ai accident sur accident. A chaque fois, c'est un peu plus grave que la précédente. Je sors de quatre mois d'immobilité suite à une chute de parapente.

– Qu'est-ce qui s'est passé, il y a trois ans ?

– Rien de spécial... »

Après une recherche plus poussée, j'apprends que Sébastien est passé « associé » de son cabinet d'avocats... il y a trois ans. Une promotion qu'il attendait depuis longtemps... mais qui lui « mange » tout son temps. Ses horaires se sont considérablement alourdis, mais il ne veut rien changer au rythme de ses loisirs. Il court donc après le temps à son cabinet, le soir, pendant ses week-ends...

Sébastien a raison de penser que tous les accidents dont il a été victime ne sont pas normaux. Ces mises en danger veulent en effet dire quelque chose.

Sébastien lui aussi *se* fuit et il va devoir essayer de comprendre le pourquoi de cette fuite qui l'épuise.

Ce qu'il va devoir réaliser, entre autres, c'est qu'il est grand temps pour lui de lever le pied et de se poser les bonnes questions sur ses choix de vie (un travail qu'il est prêt à entreprendre).

Car le vide, le rien, la période de vacance que l'on s'accorde de temps en temps est le moment béni où l'on peut réfléchir, faire le point... Laisser mijoter ce que l'on vient de vivre et en tirer les enseignements qui vont nous aider à continuer.

Le vide, c'est la période où le neuf, le nouveau peuvent surgir. C'est le moment que l'on s'offre pour accueillir l'imprévu, l'opportunité qui se présente.

Nous pouvons donc nous laisser happer avec délices par cette période de rien. Si nous les vivons de façon positive, si nous ne les subissons pas comme une fatalité assortie de panique, nous saurons de mieux en mieux exploiter ces moments privilégiés.

Et nous nous mettrons à les rechercher, comme nous cherchons instinctivement notre respiration après avoir couru longtemps.

De façon vitale.

Le vide est source de créativité : ne nous en privons pas !

XIII

DEVENEZ VOTRE MEILLEUR AMI !

« Il est bon d'être seul, parce que la solitude est difficile. Qu'une chose soit difficile doit nous être une raison de plus pour l'entreprendre. »

Rainer Maria RILKE

« L'homme a deux faces : il ne peut pas aimer sans s'aimer. »

Albert CAMUS

Se connaître et s'aimer

> « Que dit ta conscience ?
> – Tu dois devenir celui que tu es. »
>
> Friedrich NIETZSCHE

Il y a un test assez significatif à faire pour évaluer le degré de connaissance de soi de notre entourage : demandez à vos amis de vous énoncer leurs qualités et leurs défauts.

A chaque fois que je tente l'expérience, je suis toujours aussi surprise : alors que ces personnes sont d'une lucidité incroyable quant à leurs défauts, elles sont beaucoup plus hésitantes – voire quasi muettes ! – quant à la liste de leurs qualités.

Comme s'il était immodeste de parler de ses points positifs... ou comme si elles ne les connaissaient pas !

Or, se connaître, c'est savoir le plus précisément possible sur quoi nous pouvons compter dans ce qui nous constitue, et ce sur quoi il ne vaut mieux pas tabler.

Il n'y a rien d'immodeste à regarder clairement nos qualités.

On entend trop souvent : « Je ne me serais jamais cru capable de faire ceci, cela... » Bien sûr, nous devons pouvoir nous surprendre, de temps en temps. Sinon, cela reviendrait à dire que nous nous croyons capables de tout.

Sans aller jusque-là, une bonne connaissance de nos possibilités et de nos limites est le minimum syndical pour l'estime qu'il est bon de se porter.

Se connaître, donc, c'est savoir qui nous sommes. Et c'est cette connaissance qui va développer l'image que nous allons avoir de nous-mêmes.

C'est la connaissance de nos points forts qui peut nous permettre de traverser des difficultés. Ecoutons le témoignage d'Ingrid :

« *J'ai vraiment un gros défaut : je ne prépare pas assez mes dossiers. Je vais aux réunions comme ça, le nez au vent. Je sais à peu près quoi dire sur le sujet mais je n'approfondis jamais vraiment. Jusqu'ici, je m'en suis bien sortie. Mais l'autre jour, j'ai bien failli me faire virer par mon patron et il n'aurait pas eu tort.*

« *Interrogée par deux boss américains sur un point précis que j'aurais dû connaître sur le bout des doigts, je n'ai dû mon salut qu'à une pirouette vertigineuse que j'ai improvisée. J'ai fait illusion devant les Américains, mais mon patron, lui, n'a pas été dupe. Le lendemain, après avoir salué mon sens de l'à-propos et mon talent d'actrice, il m'a vertement tancée... Je sais que je peux compter sur ce sens de l'adaptation immédiate mais cela n'exclut pas que je bosse plus mes dossiers...* »

Ingrid est sûre de pouvoir toujours s'en sortir grâce à son sens de l'improvisation et à un certain talent. Elle sait aussi où sont ses limites. Les conclusions qu'elle tire de cette anecdote sont justes : elle ne doit réserver son talent qu'en cas de nécessité et il ne doit, en aucun cas, remplacer l'étude de ses dossiers !

Ingrid se connaît bien. Et c'est probablement cette connaissance qui lui donne l'aplomb et la confiance en elle qu'elle affiche le plus souvent.

On peut dire qu'Ingrid a une bonne estime d'elle-même. Ni trop, ni trop peu. Elle sait qui elle est. Elle sait sur quoi s'appuyer et elle sait aussi où sont ses limites.

En fait, Ingrid s'aime bien. Elle dit assez drôlement : « *Si je me rencontrais, j'aurais envie de me connaître* »...

Elle ne se raconte pas d'histoire sur elle. Elle est relativement en paix avec son histoire, en accord avec son image.

Oui, Ingrid *s'aime*. Elle est donc la première persuadée qu'elle est aimable, c'est-à-dire digne d'être aimée. En étant persuadée elle-même, elle dégage quelque chose de confiant et de paisible qui attire les personnes qu'elle rencontre.

Contrairement à Romuald qui, lui, se prend pour un raté.

« *J'ai tout raté dans ma vie... Mon métier, mon mariage, mon fils... Tout m'a pété dans les mains, au fur et à mesure. Pourquoi voudriez-vous que j'arrête de boire ? Je ne vaux rien, sinon, ça se saurait !* »

Compte tenu de l'image qu'il a de lui-même, il est bien difficile à Romuald de montrer autre chose que ses points négatifs à son entourage. Et il est vrai qu'au premier contact, c'est tout ce qu'il énonce que l'on perçoit, évidemment.

Mais plus le temps passe, plus je découvre des trésors cachés dans cet homme meurtri.

Petit à petit, Romuald commence à entrevoir qu'il n'est pas réduit à ses échecs et qu'il a certaines qualités que beaucoup lui envieraient, comme une belle sincérité, une intelligence vive (qu'il niait parce qu'il la confondait avec la culture), une vraie générosité...

Je le vois changer, même dans ses postures : il se redresse, parle avec une voix moins hésitante, s'habille avec plus de recherche. Il est en voie de découverte. Il est en passe de s'aimer un peu plus chaque jour.

« *Alors, vous croyez vraiment que quelqu'un peut m'aimer ?* », demande-t-il régulièrement.

Oui, Romuald. Je le crois. Mais il faut que vous-même vous vous aimiez, en premier lieu. Le reste viendra.

Sans aller dans un cas aussi extrême de déni de soi, il y a de nombreux exemples de personnes qui, ne se connaissant pas, passent à côté d'une partie de leur vie.

Je me souviendrai toujours d'Agnès, une jeune femme brillantissime, chercheuse de haut niveau au CNRS. Elle n'avait jamais connu d'homme, persuadée qu'elle était incapable de plaire, physiquement. D'après ses dires, elle ne se faisait même jamais courtiser par qui que ce soit.

Or cette femme était charmante. Gracieuse. Plaisante. Je me grattais la tête en essayant de comprendre où était le problème. Jusqu'au jour où elle lâcha, au détour d'une conversation :

« *J'ai une énorme cicatrice qui me barre le thorax. Elle est affreuse et ça me gâche la vie.* »

C'était donc « ça » ! Sa cicatrice envahissait tout son champ physique... et toute sa tête. Elle était convaincue que personne ne pouvait l'aimer à cause de cette zébrure qu'elle portait comme une injure à son intégrité.

Toute son attitude était conditionnée par cette perception qu'elle avait d'elle-même. La femme charmante que je connaissais disparaissait dès qu'un homme s'approchait d'elle. Tout son corps disait NON à celui qui faisait mine d'engager ne serait-ce qu'une conversation.

Et elle avait obtenu, jusque-là, ce qu'elle avait inconsciemment cherché : aucun homme ne se risquait dans son entourage.

Agnès ne s'aimait pas et décourageait, ainsi, tous les prétendants possibles.

Nous avons fait un joli travail ensemble. Un travail d'acceptation et de réparation qui a abouti : j'ai reçu l'année dernière le faire-part de naissance de son premier bébé.

Agnès a fait amie-ami avec son corps, autorisant ainsi les hommes à l'approcher.

Se connaître, s'admettre et s'aimer tels que nous sommes, c'est ce que nous nous devons.

Devenons notre meilleur ami, sachons que nous sommes aimables, au sens du XVIIe siècle, c'est-à-dire « dignes d'être aimés ».

Quand nous en serons convaincus, nul doute que les autres le soient aussi !

L'autre n'est pas votre miroir !

« Les miroirs feraient bien de réfléchir
un peu avant de renvoyer les images. »
Jean COCTEAU

On connaît le mythe de Narcisse, le fils du dieu du fleuve Céphise et de la nymphe Liriopé. Narcisse est un bel adolescent. Il découvre un jour une source et se penche pour s'y désaltérer. Il s'étonne de l'image que lui renvoie l'eau. Il tombe fou amoureux de cette image qui n'est autre que lui-même. Ne pouvant s'arracher à cette contemplation, il reste là à s'admirer jusqu'à épuisement de ses forces.

Si j'ai parlé de l'amour de soi nécessaire, au chapitre précédent, je ne suis pas allée jusqu'à dire qu'il fallait s'idolâtrer. Qu'il fallait se complaire dans la contemplation de soi... On a vu ce qui est arrivé à Narcisse.

Une bonne estime de soi est indispensable. Pour soi, on l'a vu, afin de mener sa vie de façon satisfaisante... Mais ce que l'on sait moins, c'est que cette bonne image de soi est aussi nécessaire pour pouvoir rencontrer vraiment l'autre.

Pour établir un véritable contact avec autrui, il faut, en effet, impérativement savoir qui l'on est et ce que l'on vaut. Sinon, il y a fort à parier que nous allons passer notre temps non pas à écouter l'autre dans ce qu'il dit, pour ce qu'il est, mais à nous servir de lui comme miroir pour vérifier quelle image de nous-mêmes il nous renvoie.

Ecoutons Antonin :

« *Ma sœur me dit que je suis plus fort que je ne le parais... J'ai demandé à mes amis, l'autre soir, ce qu'ils pensaient de moi... Ma femme ne supporte pas que je lui demande tous les jours si je suis correctement habillé...* »

Antonin n'a qu'une conscience très vague de qui il est. Aussi bien physiquement, que psychologiquement. Alors il s'en remet aux autres pour le lui dire. Soit il demande explicitement, soit il attend qu'on lui renvoie une image.

Pour Antonin – sans qu'il s'en rende vraiment compte –, l'autre est avant tout « utilitaire ». Il est là pour le refléter et lui donner une idée de qui il est.

Comment, dans ce cas, Antonin peut-il avoir de véritables contacts avec ceux qui l'entourent ? Dans les autres, il ne cherche que lui. Il est trop empêtré dans sa recherche de lui-même pour laisser une place à quelqu'un d'autre.

Un minimum de connaissance de soi entraîne une certaine confiance, comme on l'a vu au chapitre précédent. Et c'est cette assise qui va nous permettre d'aller vers l'autre et de le découvrir vraiment, débarrassés que nous serons de cette quête incessante de notre propre identité.

Cette méconnaissance de soi qui nous coupe de l'autre peut aussi prendre un autre visage : celui de quelqu'un de si sûr de lui que cela en devient suspect.

Voyons le cas de Marjorie.

Marjorie passe pour quelqu'un d'affirmé, voire de péremptoire.

Cassante avec son mari, intolérante avec ses amis, tyrannique avec ses enfants, Marjorie affiche avec tout le monde une assurance qui en remontre à plus d'un.

Et pourtant... Marjorie souffre du même mal qu'Antonin : un défaut d'identité. L'hypertrophie du moi dont souffre Marjorie a, en effet, la même source : Marjorie ne sait pas vraiment qui elle est. Si elle le savait, elle n'aurait pas besoin de s'affirmer de cette façon si outrancière.

La seule différence avec Antonin, c'est que Marjorie ne prend pas l'autre comme miroir. Elle aboutit pourtant au même résultat : le contact avec l'autre n'est pas possible, l'explication étant chez elle que tout son champ est envahi par l'image hypertrophiée qu'elle a d'elle-même.

Mais souvent, l'on rencontre des Antonin et des Marjorie en une seule et même personne. Ce sont des personnes qui oscillent entre ces deux pôles extrêmes : le recours au regard de l'autre pour exister un minimum... et la non-prise en compte de l'autre par le biais d'une fausse assurance, deux attitudes qui se nourrissent mutuellement par réaction. Et deux attitudes qui trahissent le même défaut d'identité.

Les amis de Jim ne le comprennent pas. Ils disent de lui tout et son contraire. Qu'il ne sait rien décider tout seul, qu'il a toujours besoin de leur avis pour tout, y compris pour aller au cinéma. Jim demande, invariablement : « Vous croyez que cela va me plaire ? » Mais ils disent aussi qu'il peut être brusque, autoritaire et les envoyer promener de façon brutale. Il ressort que les amis de Jim ne savent pas vraiment qui il est...

Pas étonnant, puisque Jim lui-même cherche son identité. Il se cogne aux deux extrêmes parce qu'il ne sait pas se situer. Il ne sait pas qui il est. Les amis de Jim lui servent principalement de miroirs dans sa recherche personnelle. Il n'est pas encore en mesure de les voir pour ce qu'ils sont : des personnes qui ont d'autres fonctions, d'autres intérêts que ceux de refléter son image.

L'autre n'est pas votre miroir !

On voit donc combien il est important de se connaître. Pour soi, d'abord, puis pour prendre l'autre en compte, pour ce qu'il est vraiment et non pour l'image qu'il peut nous renvoyer de nous-mêmes. C'est à cette condition que nous aurons un contact réel et vrai avec l'autre.

L'autre existe enfin... parce que je me suis rencontré.

XIV

MOI ET L'AUTRE

« Il se faut prêter à autrui et ne se donner qu'à soi-même. »

Michel de MONTAIGNE

Dialogue et intention : le « tu »... tue

> « Car le mot, qu'on le sache, est un être vivant. »
>
> Victor HUGO

Il faudrait être stupide ou borné – ou les deux à la fois ! – pour ne pas prendre le parti du dialogue. Dialoguer est l'une des façons les plus efficaces de communiquer.

Pourtant, à écouter certains, je me demande s'il ne faudrait pas leur ôter cette possibilité. Certaines personnes, en effet, se servent de la parole comme d'une kalachnikov, terrassant l'interlocuteur avant même que celui-ci ait pu ouvrir la bouche pour répondre.

Je ne parle pas du dialogue banal de la vie de tous les jours. Celui abordé ici est le dialogue que l'on a lors d'une conversation d'importance à l'issue de laquelle on espère obtenir ce que l'on voulait avant d'entamer la discussion.

Voyons Amandine. Elle travaille comme avocate dans un important cabinet. Cela fait deux ans que ses patrons lui font miroiter une association qui semble tarder à venir. Amandine décide de leur demander une entrevue pour faire le point. Ecoutons-la :

« *Cela fait deux ans que j'attends. Ils m'inondent de dossiers pas très intéressants, me les transmettent à la dernière minute... Je passe souvent mes soirées au bureau et les week-ends, j'en annule un sur deux. Je vais leur dire que cela ne peut plus durer. Que j'ai l'impression qu'ils se servent de moi sans même avoir l'intention de tenir leur promesse. Je vais leur montrer que je ne suis pas dupe de leurs petites magouilles internes...* »

Amandine a tout un cahier de doléances qui, pour justifiées qu'elles semblent être, ne sont peut-être pas l'objet principal de l'entrevue.

En effet, que veut Amandine ? Amandine veut devenir *associée* de son cabinet. Comme on le lui a laissé entendre voilà deux ans.

Or, si Amandine veut vraiment éclaircir la situation avec ses patrons, elle n'a pas du tout intérêt à s'y prendre comme elle l'annonce.

Je refais donc préciser à Amandine son intention :

« *Quel résultat voulez-vous obtenir à l'issue de votre entretien ?*

– *Savoir si, oui ou non, je vais devenir associée.* »

Cela précisé, je demande à Amandine de préparer des arguments qui vont venir étayer cette demande : dossiers importants traités avec succès, implication, motivation, sens de l'esprit d'équipe, de la délégation, évolution depuis son entrée dans le cabinet, etc.

Une fois ceci établi, je lui demande d'oublier tous les griefs énoncés plus haut.

« *Ah bon ? Je ne dois rien leur dire...*

– *Rien qui les accuse pour l'instant. Si vous les accusez de ceci ou cela – même si tout est exact –, ils ne vont faire qu'une chose : se défendre. Et s'ils se défendent, ils vont perdre de vue l'objet de l'entretien – votre association éventuelle – car ils ne verront que le règlement de comptes auquel vous les soumettez. Dans un premier temps, donc, motus sur les reproches.* »

J'explique, en effet, à Amandine que le « tu » accusateur tue la communication. Quand on est attaqué, le premier réflexe est de se défendre. C'est humain. Et quand on se défend, on n'est plus disponible pour une autre partie du discours.

D'où la nécessité de déterminer avec clarté l'intention avec laquelle on se rend à un entretien important. La question qu'il faut se poser, à chaque fois, est : qu'est-ce que je veux obtenir ?

C'est ce qu'a fait Clément, dans un tout autre registre. Ecoutons-le :

« *Cela faisait trop longtemps que mon père m'humiliait. Devant mes amis... Puis devant Sophie.*

Et plusieurs fois, devant mes enfants. J'ai décidé d'avoir une vraie conversation avec lui. De lui dire tout ce que j'avais sur le cœur. Alors je l'ai fait... et je n'y suis pas allé en douceur. Je savais bien que cela me menait probablement à la rupture. Et ça n'a pas raté. Il m'a indiqué la porte et je ne le vois plus depuis trois ans. Mais je ne regrette rien. Mon but, c'était de mettre de la distance, mais, avant, de vider mon sac et c'est ce que j'ai fait. J'assume. »

L'intention de Clément était claire : dire son fait à son père, quitte à aller jusqu'à la rupture, qu'il recherchait depuis un moment déjà. Rien à dire à Clément : il assume.

Mais souvent j'entends des histoires où comportements et résultats ne sont pas mis en perspective : on s'étonne du comportement de l'interlocuteur qui n'a pas réagi selon nos attentes.

Observons Pascale. Elle reproche à son compagnon son manque d'hygiène :

« *Tu pourrais faire un effort, quand même. Je ne te demande pourtant pas grand-chose... Tu ne te rends pas compte combien tu es négligé. Tu ne te laves pas les cheveux assez souvent... Tu t'habilles n'importe comment... J'en ai marre... Tu laisses tout traîner partout... Tu me prends pour ta bonne...* »

Tu... tu... tu... Même si Pascale a raison, que peut faire son compagnon ? Devant cette avalanche de

« tu », il ne peut que se défendre. Et c'est ce qu'il fait en lui renvoyant qu'elle n'est jamais contente et qu'il en a par-dessus la tête de ses reproches.

Avancée dans la résolution du problème ? Zéro ! Tous ces « tu » ont tué la communication entre eux.

Qu'aurait donc dû faire Pascale ? S'y prendre un tout petit peu différemment. En partant de ce qu'elle ressent, elle, par rapport au comportement de son copain. Par exemple :

« *J'ai quelque chose à te dire. Je suis très gênée parce que tu ne fais pas attention à toi. Je n'aime pas te voir habillé n'importe comment, négligé. Vraiment, ça me gêne. J'ai un peu l'impression que tu ne t'en rends pas compte... Qu'est-ce que tu en penses ?* »

Ou quelque chose d'approchant.

Si je dis « je », l'autre n'est pas sur la défensive et peut alors entendre ce que j'ai à dire.

Si je ne veux pas me fâcher avec quelqu'un, je vais tout faire pour trouver les mots et le chemin qui vont me mener jusqu'à lui.

Si je recherche la rupture – ce qui est une option tout à fait recevable –, les mots employés importent moins. Je dois juste me poser la question de savoir comment je vais la vivre, une fois celle-ci consommée.

Bien sûr, un dialogue est fait d'imprévus et de répliques instinctives. C'est pour cela que ces recommandations ne sont pas applicables en permanence. Mais qu'au moins, lors de conversations importantes avec notre conjoint, nos enfants, nos amis, nos collègues, notre patron, nous ayons toujours à l'esprit ces deux points essentiels qui se résument ainsi :

- *Que veux-je obtenir à l'issue de cette conversation ?*
- *Comment faire passer ce que j'ai à dire sans « tu » accusateur mais en partant de ce que « moi » je ressens devant tel ou tel comportement ?*

Alors, nous aurons tout mis de notre côté pour être entendus de l'autre, tout en ayant dit vraiment ce que nous voulions dire.

Essayez, vous verrez : ça marche !

Le regard de l'autre

> « La contrainte te délivre et t'apporte la seule liberté qui compte. »
>
> Antoine de SAINT-EXUPÉRY

Etre libre, c'est, entre autres, ne pas se sentir soumis en permanence au regard de l'autre. Etre suffisamment autonome pour ne pas agir en fonction de son seul regard.

Mais il serait naïf de penser que nous pouvons fonctionner sans l'autre. Une chose est certaine, nous avons besoin de lui pour vivre.

Toute la difficulté est de trouver le bon équilibre entre l'autonomie nécessaire et la prise en compte de l'autre.

Car, dès lors que nous appartenons à un groupe, nous sommes régis par les mêmes conditions de fonctionnement que ce groupe. Et ce sont ces règles édictées qui vont faire que nous allons pouvoir vivre en société.

Le regard de l'autre, dans ce cas, devient notre garant. Un garant qui nous invite à rester dans une certaine conformité. Qui nous met, en principe, à l'abri de toutes les exactions que nous pourrions peut-être commettre, s'il n'y avait pas ce garde-fou qu'il représente.

Je vais donc prendre en compte mon entourage, le respecter mais essayer, en même temps, de ne pas en être l'esclave.

Sans le regard de l'autre :

- *Serions-nous tenus de nous vêtir ?*
- *Pourquoi ne pas voler son voisin ?*
- *Pourquoi ne pas tuer le gêneur ?*
- *Pourquoi payer ses impôts ?*
- *Pourquoi respecter l'interdit de l'inceste ?*
- *Pourquoi ne pas prendre la femme/le mari de son copain/sa copine ?*
- *Pourquoi dire bonjour, merci, s'il vous plaît ?*
- *Pourquoi ne pas exterminer un peuple entier ?*
- *Pourquoi ne pas tyranniser une population ?*

etc.

Oui, pourquoi, en effet, nous conformer à ces règles ? Pourquoi respecter ces lois, si ce n'est pour rester dans ce qui est acceptable pour l'autre ? Afin de pouvoir vivre en société, dans une conscience sociale identifiée et nécessaire au bon fonctionnement du groupe dans lequel nous vivons.

Cette même conscience sociale va nous permettre de transmettre ces valeurs aux générations qui nous suivent, leur évitant ainsi de vivre dans une société sans repères.

Il n'est donc pas possible – et surtout pas souhaitable – de s'affranchir du regard de l'autre. Sans ce « garde-fou », nous pourrions, peut-être, tous être conduits à devenir des assassins, des voleurs, des violeurs.

Sur le plan collectif, et sans cette conscience, le monde verrait certainement l'émergence d'un nombre croissant de tyrans et de dictateurs, d'exterminateurs de tout poil.

Le regard de l'autre n'entrave notre liberté que si nous ne vivons qu'à travers lui. Si l'on n'agit, ne pense, qu'en fonction de ce que les autres font ou pensent, l'autre devient alors notre ennemi. C'est lui qui règne sur notre vie.

A nous de composer. De voir ce que nous pouvons accepter sur le plan individuel ou social. A nous de nous construire notre propre échelle de valeurs.

Mais ne nous risquons pas à vouloir nous affranchir totalement du regard de l'autre. N'oublions jamais que l'autre est notre ami : il nous protège de nous-mêmes bien mieux que nous ne saurions le faire sans son concours.

De cela, nous devons lui en savoir gré et faire bon usage d'une liberté que nous pouvons ainsi vivre dans les meilleures conditions.

Altruisme : attention, danger !

> « La générosité n'est souvent que l'aspect intérieur que prennent nos sentiments égoïstes quand nous ne les avons pas encore nommés et classés. »
>
> Marcel PROUST

Sujet délicat, s'il en est... Il s'agit donc de l'altruisme. Du don. Du cadeau, de la part de soi que l'on donne à l'autre. De ce geste si beau, de cet élan que nous avons quand nous tendons la main à l'autre.

Car il y a de la beauté, de la grandeur, dans ces gestes quelquefois si discrets qu'on les remarque à peine. De grands et de petits gestes qui parlent de nous...

• *C'est cette jeune fille qui aide la maman à descendre la poussette de son bébé de l'autobus ;*

• *C'est cet homme entraperçu dans la rue qui laisse sa place de parking avec le sourire alors qu'il était arrivé le premier ;*

- *C'est ce petit garçon qui apporte toujours deux parts de goûter pour son copain moins nanti ;*

- *C'est cette dame âgée qui va faire les courses de cette autre dame encore plus âgée ;*

- *C'est cette mère de famille qui donne de son temps pourtant compté à une association de jeunes en difficulté ;*

- *C'est cette autre qui décide de partir dans une association au Cambodge, maintenant que ses enfants sont élevés ;*

- *C'est ce papy qui offre de son temps et lit des contes aux enfants, le mercredi ;*

- *C'est ce cadre qui prend un dossier qui ne lui était pas destiné pour soulager son collègue qui ne s'en sort pas ;*

- *C'est la énième pièce que l'on donne à cette jeune fille au regard si poignant ;*

- *C'est la porte que l'on tient pour le suivant, dans le métro ;*

- *C'est la place que l'on cède dans le train à une maman et son petit garçon, un soir de grands départs.*

La liste est – heureusement – longue de ces petites et grandes actions dont nous sommes les acteurs ou les témoins.

Car il y a, en chacun de nous, une dimension altruiste qui ne demande qu'à s'exprimer.

Tout cela est indéniable. Le don, le geste envers l'autre existent.

Ce qui n'existe pas, en revanche, c'est le don, le geste gratuits. Celui que l'on ferait exclusivement pour l'autre, sans en rien attendre, sans en rien retirer. Car j'ose l'affirmer devant les yeux courroucés de certains :

LE DON GRATUIT N'EXISTE PAS.

Dès que je prononce cette phrase, habituellement, les exemples fusent :

Et mère Térésa ? Et l'abbé Pierre ? Et les gens qui ont sauvé des vies humaines ? Et... ?

Oui, oui, oui. Ce sont toutes des personnes remarquables, sans conteste possible. Mais croyez-vous vraiment que ces personnes aux destinées si remarquables ne retirent rien de ce qu'elles donnent aux autres ?

Croyez-vous que toutes les mères Teresa et tous les abbés Pierre du monde n'agissent que pour les autres ? Bien sûr, la mission qu'ils remplissent est dirigée prioritairement vers autrui. Mais ils doivent bien s'y retrouver quelque part.

Ce qui les mobilise, c'est, avant tout et bien sûr, leur amour du prochain. Mais ils ont probablement aussi des motivations personnelles pour agir. Peut-être un accès plus direct au paradis, pour certains ; une meilleure image d'eux-mêmes pour d'autres. Peut-être certains autres récoltent-ils l'amour qu'ils n'ont pas dans leur vie intime. Chacun va trouver dans son action altruiste de quoi nourrir ses convictions, ses espoirs, son narcissisme. Ecoutons Christian :

« *Moi, quand j'accompagne ma mère chez le médecin, je ne vois pas en quoi ce n'est pas un acte gratuit. Je n'attends rien d'elle.* »

Quelques phrases plus loin, il ajoute... qu'il attend toujours le « merci » qui ne vient jamais, et qu'il est, selon ses dires, celui qui a le plus d'attentions envers elle.

Il raconte aussi qu'il y a une sorte de compétition entre ses frères et lui pour savoir qui sera le plus présent auprès de leur mère.

« *Pourtant,* conclut-il, *ce ne sont pas ses effusions qui m'étouffent.* »

J'en déduis qu'il aimerait bien, quelquefois, crouler sous les effusions maternelles. De là à faire le lien entre son attitude généreuse et ce qu'il attend de sa mère, il n'y a qu'un pas.

Et alors, me direz-vous, où est le mal ?

Mais nulle part. Il n'y a aucun mal. Cela démontre juste que nous attendons toujours quelque chose quand nous donnons. Ne serait-ce qu'un merci qui est, souvent, plus qu'une convention.

Nos actes envers autrui ne sont pas gratuits et c'est tout à fait normal. Est-ce pour cela que nous ne devons plus les prodiguer ? Bien sûr que non. Cela ne retire rien à la valeur de ce que nous faisons pour l'autre.

Mais ne nous leurrons pas. Acceptons de reconnaître la part de gratification que nous nous faisons quand nous donnons. Cela ne donnera pas moins de valeur aux gestes que nous aurons envers autrui. Ce sera juste plus honnête vis-à-vis de nous-mêmes.

Se mettre à la place de l'autre : méfiance !

« Les autres, hélas ! c'est nous. »
Georges Bernanos

« Tout comprendre rend très indulgent. »
Madame de Staël

« Je suis dans un état... Tu ne peux pas savoir ! Depuis que le labo m'a dit qu'il envoyait les résultats directement à mon médecin et qu'il m'appellerait pour convenir d'un rendez-vous, j'imagine tout. Je ne dors plus... J'ai tellement peur ! Heureusement, j'y vais demain...

– Je ne sais pas comment tu fais... Quelle angoisse... Quand tu m'as appelée, hier, j'étais effondrée. Je me mets à ta place et... oui, je ne sais pas comment tu fais...

– Bon... enfin, je vais essayer de penser à autre chose... Je me dis que si c'était vraiment grave,

il m'aurait fait venir tout de suite... Tu ne crois pas ?

– Je ne sais pas... Oui, peut-être...

– Ben, fais pas cette tête-là !

– Oui, excuse-moi... Mais ton histoire, ça me perturbe...

– Ne t'inquiète pas, je ne suis pas encore morte ! »

Dialogue authentique, entendu l'autre jour à la terrasse d'un café.

Une jeune femme angoissée – appelons-la Justine – dans l'attente de résultats médicaux se tourne vers son amie – appelons-la Rose – pour lui faire part de sa peur... et pour obtenir un peu de réconfort.

Or, manifestement, Rose ne lui est d'aucun secours. Elle est elle-même submergée par l'angoisse de Justine ; elle ne peut pas l'aider parce que – entre autres – elle vit ce que vit son amie. Rose s'approprie son angoisse, sa peur, son attente. Elle l'énonce d'ailleurs clairement par son « *Je me mets à ta place* ».

Et l'on assiste à cette phase incroyable où l'on voit Justine en difficulté faire elle-même des suggestions pour calmer sa propre angoisse... et finir par rassurer Rose !

Se mettre à la place de l'autre, on le voit, n'est pas toujours la bonne façon de se porter à son secours. Dans l'exemple précité, Rose s'approprie l'angoisse de Justine, ce qui plonge cette dernière dans une angoisse encore plus profonde. Justine se retrouve seule devant son amie. Seule avec sa peur. Son amie ne lui a été d'aucune aide.

Dans le « *Je me mets à ta place* », il peut, en effet, y avoir un danger : celui de confondre l'histoire qui nous est racontée avec la nôtre propre. Dans ce cas, ce n'est plus l'histoire de l'autre que nous entendons, mais la nôtre assortie de toute la gamme des émotions qui y sont liées. Nous devenons alors indisponibles à l'autre : nous ne pouvons plus l'aider.

Pour aider l'autre, il faut donc être distinct de lui et être à la bonne distance. Se mettre à sa place, c'est se confondre avec lui. L'image spatiale de la bonne distance est le face-à-face. Pour aider, tendre la main, il vaut mieux être en face... Pas trop près de lui, sinon je risque de me laisser emporter. Si je suis face à lui, j'assure ma base et je peux lui apporter toute l'aide dont je suis capable.

Prenons l'image de quelqu'un qui se noie. Je peux me jeter à l'eau sans réfléchir une seconde et réaliser aussitôt que je ne sais pas suffisamment bien nager. Ni pour lui porter secours. Ni pour me débrouiller seul. Je me suis littéralement mis à la place de l'autre... Nous allons donc être deux en difficulté.

Je peux aussi être pris de panique et hurler autant que la personne qui se noie... sans faire quoi que ce soit.

L'autre n'est pas plus avancé.

Mais si je réfléchis une minute, je réalise à temps que je ne sais pas très bien nager. Ou qu'il faut que je cesse de paniquer et que j'agisse vite.

Je vais donc trouver une autre solution pour aider cette personne (appeler du secours, lui tendre une branche d'arbre...).

Au lieu de sauter ou de hurler, je me suis mis à une distance suffisante pour que l'aide attendue arrive et soit efficace. Je ne me suis pas mis à sa place sous peine de me noyer à mon tour.

Bien sûr, on comprend bien que l'idée de « se mettre à la place de l'autre » est un signe d'empathie. Nous lui disons ainsi : « Je te comprends... » ou, tout au moins : « J'essaie d'imaginer ce que tu ressens, ce que tu vis. »

Mais il peut être parfois irritant pour celui qui est en difficulté et qui s'exprime de s'entendre dire : « *Je me mets à ta place.* »

Ecoutons Gaston :

« *Tout va mal, en ce moment. Et quand je dis mal, c'est mal. Depuis que nous avons reçu notre lettre de licenciement* (ils sont quatre dans ce cas), *tout va de travers. Je me suis pris de bec avec Paul, avec qui je suis devenu ami depuis six ans qu'on travaille ensemble... Il ne trouve rien d'autre à me dire que : "Je me mets à ta place, c'est dur !" Qu'est-ce qu'il peut en savoir, de ma place ? D'abord, de place, je n'en ai plus... Et lui, il n'est pas licencié. Il ne l'a jamais été. Alors, comment peut-il se mettre à ma place ? Ce ne sont que des mots, tout ça... J'aurais attendu mieux de lui... »*

Quand j'interroge Gaston sur ce qu'il aurait aimé entendre de son ami, il me répond :

« Pas grand-chose, en fait. Juste qu'il me dise : " Je comprends... Dis-moi comment je peux t'aider... Tu peux compter sur moi... " Des trucs comme ça m'auraient fait du bien. »

En fait, quand nous voulons nous mettre à la place de l'autre, nous pèchons par « activisme ». Un être cher est en difficulté et nous voulons faire quelque chose pour lui. C'est gentil. C'est louable, mais on l'a vu, ce n'est peut-être pas la meilleure solution.

On ne fera jamais d'erreur vraiment grave en signifiant à un ami en difficulté que nous le comprenons, que nous serons toujours là pour l'écouter et que nous répondrons toujours à ses demandes d'aide.

C'est souvent plus efficace... et quelquefois moins irritant pour l'autre !

Les cadeaux

> « Le geste du don nous sépare de l'homme : il n'engendre pas de réciprocité. »
>
> Jean-Paul SARTRE

Ah, les cadeaux ! Pourquoi faire un chapitre sur les cadeaux ? Qu'est-ce qu'il peut bien y avoir à dire là-dessus ?

Quelques petits points à préciser, tout au plus.

Dans les cas sans histoires, offrir est un acte qui parle des sentiments que nous éprouvons pour la personne à qui l'on offre. Le cadeau est une preuve tangible de l'amour, de l'affection que je porte à l'autre.

De même, recevoir un cadeau signifie que nous sommes aimés, que l'autre fait attention à nous, que nous comptons pour lui et, dans le meilleur des cas, qu'il nous « devine ».

Mais comme nous allons le voir, il y a parfois quelques petits dysfonctionnements dans ces deux actes si simples de donner et de recevoir.

Rappelons d'abord que le cadeau n'engage personne. Pas plus celui qui le donne que celui qui le reçoit. En effet, on est parfaitement libre dans l'acte d'offrir et on devrait pouvoir le rester dans l'acte de recevoir. Donner, recevoir, ces deux actions ne créent ni pouvoir ni obligation d'aucune sorte.

• Penchons-nous du côté du « receveur » :

« *Ah bon,* me dit Calista, *moi, quand on me fait un cadeau, je me sens redevable... C'est comme si j'étais dans l'obligation de retourner la gentillesse que l'on vient de me faire... Oui, je me sens l'obligée de la personne qui m'a fait un cadeau...* »

Eh bien non, Calista, vous ne devez rien à personne... sauf, bien sûr, les remerciements d'usage et/ou chaleureux, selon l'émotion que suscite le geste que l'on vient d'avoir envers vous.

Calista est dans ce que j'appelle le « système de l'épicier ». Dans sa tête, elle a installé une grande balance où elle pèse ce qu'elle reçoit pour aussitôt donner l'équivalent.

« *Oui... C'est un peu ça. Comme cela je ne dois rien à personne. Je suis plus libre.* »

Belle illusion ! Alors qu'il semble inévitable de toujours devoir quelque chose à quelqu'un, qu'on le veuille ou non, s'il y a un cas où cela ne s'applique pas, c'est bien celui du cadeau.

C'est, en effet, l'affaire de celui qui donne que de faire un cadeau. En quoi sa décision me concerne-t-elle ? Il est parfaitement libre de me couvrir de cadeaux, et même de se ruiner pour moi, s'il le désire.

Si cela me gêne, je peux le lui dire... et même refuser ses cadeaux. Ça, c'est ma liberté. Mais je ne vais pas prendre la responsabilité de ses actes. C'est à lui de m'entendre.

Si j'accepte les cadeaux que l'on me fait, cela ne me lie en rien à l'autre. Je reste libre, au même titre que lui reste libre.

Nous venons de voir le « système de l'épicier ». Un peu dans la même idée, il y a le « système du soupçon ». Ecoutons André :

« *A chaque fois que mon ami Mario me fait un cadeau, je me demande ce qu'il attend de moi en retour. C'est idiot, car je crois qu'il n'y a rien derrière. Il veut me faire plaisir, rien de plus, je crois. Ça vient peut-être de ce que j'ai été élevé dans le système du troc. Si tu fais ça, tu auras ça... Ma mère fonctionnait toujours sur ce système. J'ai beaucoup de mal à me défaire de cette idée qu'il faut troquer tout ce qu'on reçoit...* »

André a parfaitement raison de faire le lien entre son système éducatif et sa posture face aux cadeaux qu'il reçoit. La relation semble évidente.

Nous sommes dans la même idée que « l'épicier », à ceci près qu'ici il s'agit de service à rendre, en échange d'un cadeau que l'on reçoit.

Pour continuer dans le chapitre du « receveur » il y a, bien sûr, le cas fréquent du « système du dévalorisé ». Celui qui fait vivre à la personne qui reçoit le sentiment de ne pas y avoir droit, de ne pas le mériter. C'est le cas d'Alison :

« *J'ai toujours l'impression que ce que l'on m'offre est trop. Trop beau... Trop chic... Trop cher... Trop gros. Je suis gênée quand, à Noël, il m'arrive d'avoir un paquet plus gros que celui de ma sœur. Une année, j'étais heureuse car, pour moi, il n'y avait qu'une enveloppe au pied du sapin. Quelle ne fut pas ma confusion quand je l'ai ouverte ! C'était un bon pour aller huit jours en thalasso offerts par ma sœur et mes parents. Je ne savais plus où me mettre. Pourquoi un si beau cadeau ? Pourtant, ma sœur n'était pas oubliée... Mes parents lui avaient offert un très joli bracelet en or.* »

Alison a une piètre image d'elle-même. La valeur qu'elle s'accorde laisse à désirer et cela se traduit, entre autres, par sa difficulté à recevoir simplement un cadeau. La question sous-jacente, implicite, d'Alison est, à chaque fois : « *Qui suis-je pour mériter autant ?* »

Pour en finir avec le « receveur », voyons le cas de la personne qui n'est jamais contente de ce qu'elle reçoit. Celle pour qui on a toujours tout faux et qui reçoit ces cadeaux qui ne la satisfont pas comme autant de négations d'elle-même.

« *Je n'arrive pas à comprendre Augustin,* me dit un jour Eglantine. *Depuis huit ans que nous vivons ensemble, il tombe toujours à côté. J'ai bien essayé de lui faire passer des messages de plus en plus explicites. Rien n'y fait. Il entend, mais à moitié. M'offre un bijou en or blanc alors que je n'aime que l'or jaune. Un sac noir alors que je le voulais marron. C'est toujours pareil. J'ai l'habitude, vous me direz. Avec mes parents, ça toujours été comme ça. A croire que personne ne fait attention à moi. Un cadeau qui me plairait vraiment, ça me montrerait qu'ils me prennent en compte. Qu'ils se soucient de ce que je suis, de ce que j'aime.* »

Avec Eglantine, nous sommes en face d'un problème bien classique de recherche d'identité et de reconnaissance. Faire un cadeau à Eglantine revient à lui dire : « *Je te connais. Je sais qui tu es. Je sais ce que tu aimes et j'ai envie de te le montrer en te donnant ce...* »

• Penchons-nous, maintenant du côté du « donneur ».

Classique – hélas ! – il y a *le cadeau que l'on se fait...* au lieu de le faire à l'autre.

« *Quand Jean-Michel est venu s'installer à la maison, il m'a fait remarquer qu'il manquait une lampe pour pouvoir lire dans le canapé. Puis il m'a parlé d'un livre qu'il avait très envie de lire. Quelques jours après, c'était mon anniversaire. Il est arrivé avec... un lampadaire, le fameux livre et... un fer à vapeur. Le tout bien enveloppé. Trois cadeaux ! Sur le moment, j'ai senti que quelque chose clochait mais je ne savais pas bien quoi. C'est un peu plus tard dans la soirée que j'ai réalisé : il était assis en train de lire MON livre sous MON lampadaire pendant que je lui repassais SES chemises avec SON fer à vapeur. Quand je me suis vue, j'ai débranché le fer et je suis partie en claquant la porte en le traitant de tous les noms d'oiseaux. Il se demande encore aujourd'hui quelle mouche m'a piquée ce jour-là !* »

Il y a aussi le cas du *cadeau qui parle plus de nous que de l'autre*. Comme cette amie un peu trop envahissante qui offre à l'une de ses amies... un petit arbre d'appartement. Comment mieux illustrer l'envie de s'implanter dans la vie de son amie, en effet ?

Et que dire des cadeaux « trop » ? Trop gros, trop cher, trop intime... Ils peuvent avoir de multiples significations. Du simple « *Tu vois, je peux te gâter* » au « *Je t'aime gros comme ça* », en passant par « *Rien n'est trop beau pour toi* », ou par le très illusoire « *Je veux avoir du pouvoir sur toi* ».

On fait aussi des cadeaux qui peuvent avoir *une valeur compensatoire*. Et ce que l'on veut compenser, c'est souvent le temps : le temps qu'on ne passe pas ensemble. C'est le cas des parents – divorcés ou non – qui font des cadeaux trop nombreux ou disproportionnés à leurs enfants pour compenser – croient-ils ! – le temps qu'ils ne passent pas avec eux ; c'est aussi le cas de l'homme ou de la femme qui gâte son conjoint pour faire un peu oublier les – trop ? – nombreux moments où il n'est pas avec lui.

On le voit, donner ou recevoir un cadeau n'est pas chose facile pour beaucoup d'entre nous. S'il fallait ne retenir qu'une idée de ce qui vient d'être dit, c'est celle de liberté.

Liberté de celui qui donne. Liberté de celui qui reçoit. Le cadeau ne ligote ni celui qui le fait... ni celui qui le reçoit.

Essayons de vivre le cadeau de cette façon et nous prendrons plus de plaisir à en faire... et, débarrassés de toute forme d'obligation, nous en prendrons aussi bien plus à en recevoir.

Triez vos amis : la pyramide

> « La pire de toutes les mésalliances est celle du cœur. »
>
> CHAMFORT

Trier ses amis ? Comment ça ? Pour quoi faire ? Dans quel but ? Dans quel intérêt ?

Tout simplement pour éviter les malentendus.

Ecoutons Jacques :

« *Je ne comprends pas ce qui se passe avec Emilio. Je le sens un peu distant, froid. C'est toujours moi qui prends l'initiative de le voir. Quand on est ensemble, il a l'air content. Mais il fait très peu de gestes envers moi. Je l'ai toujours considéré comme mon meilleur ami... Je me demande si c'est toujours vrai. J'ai presque plus de rapports et d'échanges avec Clément que je connais depuis un an à peine...* »

En fait, Jacques se demande qui est vraiment Emilio, pour lui, aujourd'hui. Quelle est la place qu'il occupe dans sa vie ? Comment le situer par rapport aux autres, à Clément, notamment ?

En fait, quand Jacques réfléchit à cela, il fait inconsciemment ce que je suggère de faire en parfaite conscience : il tente de classer ses amis en appliquant une hiérarchie.

Car, bien sûr, nous le faisons tous. Nous classons nos amis, de façon intuitive et sans nous en apercevoir vraiment. Quel est donc l'avantage d'y mettre un peu de conscience ? Comme je l'ai dit plus haut : éviter des malentendus.

Dans le cas de Jacques, il va peut-être se rendre compte bientôt qu'Emilio n'est pas – ou n'est plus – l'ami qu'il croyait avoir.

S'il se le formule clairement, il va sans doute rectifier son attitude vis-à-vis de lui et, par exemple, ne plus attendre de lui les gestes que l'on peut attendre de son meilleur ami.

Il ne sera pas nécessaire de l'évacuer de son univers amical. Il le fera rétrograder d'un cran et le mettra à l'étage de ses bons copains.

Pour illustrer cela, prenons l'image d'une pyramide.

Dans l'exemple, Jacques est à la pointe. D'après ses dires, Emilio est très important pour lui. Il était donc placé à l'étage de la pyramide le plus proche de lui. Aujourd'hui, Emilio ne répond plus à l'attente de Jacques. Jacques va le faire descendre d'un étage.

Je vous invite à faire cet exercice. Placez-vous à la pointe et tracez des étages sur votre pyramide. Vos intimes, ceux qui comptent pour vous, ceux devant lesquels vous pouvez vous mettre à nu, ceux à qui vous confiez les clés de votre intimité seront placés à l'étage immédiatement accessible par vous.

Attention ! Il ne doit pas y avoir foule à cet étage... Sinon cela veut dire que vous ouvrez votre intimité à beaucoup trop de monde et, peut-être, à personne en particulier.

Puis inscrivez les bons amis à l'étage suivant. Ce sont ceux qui n'ont pas vraiment accès à votre vie la plus secrète mais qui sont néanmoins des personnes que vous aimez beaucoup.

Continuez ainsi jusqu'au troisième ou quatrième étage.

Il se peut que, vous livrant à cet exercice, vous vous aperceviez que vous n'avez personne à mettre à l'étage le plus proche de vous...

Vous êtes peut-être de ceux – rares mais ils existent – qui n'ont pas besoin d'entretenir de liens intimes avec qui que ce soit. Si c'est votre choix (et non une incapacité à vous livrer), tout va bien. Passez à l'étage en dessous !

Ce petit exercice est à faire régulièrement. C'est vous et vous seul qui détenez les clés de ce classement. Les amis peuvent ainsi monter ou descendre d'un étage, selon l'évolution de vos relations.

Cette hiérarchisation que je vous invite à faire présente de multiples avantages, notamment :

• *Vous clarifiez vos relations et vous n'attendez plus, par exemple, des personnes que vous avez logées trois étages en dessous de vous, qu'elles se comportent comme les personnes logées au premier, à l'étage le plus proche de vous.*

• *Vous ouvrez votre tolérance : vous ne coupez pas les ponts, par exemple, avec des personnes du troisième étage, sous prétexte qu'elles ne vous apportent pas la qualité d'échanges que vous avez avec vos intimes.*

Nous n'avons, en effet, pas toujours besoin d'intimité. Nous avons envie parfois, d'un peu de légèreté : quand c'est le cas, nous nous tournerons plutôt vers des personnes un peu plus éloignées de nous.

En agissant ainsi, en procédant à ce tri, nous sommes amenés à distinguer les amis – les vrais – des copains, des relations, des connaissances. Et nous savons que selon que nous serons en présence de l'un ou de l'autre, nous ne devrons pas nous attendre à la même qualité ou intensité de relation.

Clarification, donc, et levée de malentendus. Si je réalise, en effet, qu'une personne que j'avais logée au premier étage ne répond pas ou plus à ce que j'attends d'un intime, je ne vais pas lui demander le même comportement qu'auparavant. Je vais l'éloigner un peu de moi et je vais éviter ainsi de provoquer un « clash », tout en la gardant dans mon champ relationnel.

En vous livrant à cet exercice, il se peut que vous vous trouviez devant un petit problème. Ecoutons Miguel :

« *J'ai fait votre exercice. Ce n'est pas facile, mais finalement cela m'a aidé à y voir plus clair. En fait, j'ai trois personnes vraiment intimes. Et j'ai réparti les autres aux étages plus bas. Je me suis rendu compte que j'avais écarté des personnes que j'hésitais à revoir parce que je ne faisais pas ce distinguo. En fait, je ne voulais fréquenter que des intimes, les autres, je ne savais qu'en faire. C'est plus facile pour moi, maintenant. Mais j'ai un souci : j'ai un de mes amis, enfin, un de mes copains, que j'ai logé au troisième étage de ma pyramide et qui, lui, me considère comme son meilleur ami. Il me l'a encore répété la semaine dernière. Comment je fais avec ça ?* »

Eh oui, cela arrive. Il arrive, en effet, qu'une personne qui n'est pas notre ami nous considère comme le sien. Pour répondre à la question de Miguel, « on ne va rien faire avec ça ». Ce n'est pas notre affaire. Le fait que quelqu'un nous considère comme son ami le concerne uniquement. Nous n'y pouvons rien.

Ce qu'il ne faudrait pas faire, c'est nous sentir obligés de simuler l'amitié parce que lui nous veut comme ami. La bonne attitude est, dans ce cas-là, de rester honnêtes et de ne rien faire pour l'induire en erreur. A lui de voir si ce que nous mettons dans la relation lui convient. Si cela est suffisant pour nous qualifier, à ses yeux, de meilleur ami, c'est qu'il y trouve son compte ainsi.

Si cela n'est pas le cas, il s'en rendra compte et nous fera rétrograder dans son propre classement.

On voit – je l'espère – les avantages qu'il peut y avoir à formaliser la hiérarchie de notre champ amical et relationnel.

Pour une plus grande clarté et une plus grande ouverture de notre tolérance, nous avons donc tout intérêt à nous y livrer sans tarder... et régulièrement !

XV

DANGER, INTRUSION !

« Il arrive que l'erreur se trompe. »
Georges DUHAMEL

Penser à la place de l'autre

> « Si tous ceux qui croient avoir raison n'avaient pas tort, la vérité ne serait pas loin. »
>
> Pierre DAC

Il est une idée répandue selon laquelle nous serions à même de savoir ce que l'autre pense, à condition de le connaître suffisamment.

Nous aurions une sorte de prescience qui nous donnerait accès aux pensées de l'autre.

Cette croyance est aussi fausse que dangereuse.

Fausse car personne – je dis bien personne – n'a le pouvoir de savoir ce que l'autre a dans la tête.

Dangereuse car alors on se permet des interprétations qui sont souvent très loin de la réalité.

Voyons ce que nous dit Gaétane :

« *De toute façon, c'est fichu... Je le sais. Alors, quand il est rentré, je lui ai dit : " Dis-moi que tu as envie de partir, que tu ne m'aimes plus... Tu peux me le dire... Je le vois bien... Aie au moins le courage de tes opinions "... Il m'a dit que je délirais. Qu'il était assez grand pour prendre ses décisions tout seul. Et que le jour où il ne m'aimerait plus il saurait me le dire... Mais moi, je suis sûre que je ne me trompe pas.* »

Gaétane est sûre de ce que pense son compagnon. Elle est persuadée de savoir ce qui se passe dans sa tête, comme si elle était branchée directement sur son cerveau.

Et Gaétane agit comme cela avec tout le monde et dans de nombreuses situations.

Persuadée que son ami Joël ne lui téléphonait plus aussi souvent parce qu'il était en froid avec elle, elle l'appelle un beau jour et lui dit : « *Je sais que tu me fais un peu la tête mais je ne t'en veux pas...* » ! Lui, à cent lieues de cette prétendue brouille, bredouille quelque chose. Elle insiste et ils finissent par se disputer pour de bon !

Elle a les mêmes mésaventures avec son père, sa mère, ses collègues de bureau. Gaétane pense à la place de l'autre. Elle sait, elle devine, et ce qu'elle ne devine pas... elle l'invente, convaincue qu'elle est d'avoir une très bonne intuition.

« *Les gens n'ont pas besoin de tout dire... Moi, je sens. Et je devine. C'est comme un sixième sens...* »

Un sixième sens qui conduit souvent à déposséder l'autre de son discours et à commettre de redoutables erreurs d'interprétation.

Voyons l'anecdote que nous rapporte Grégoire.

Grégoire décide un jour d'offrir à sa mère une voiture sans permis. Sa mère prétend pourtant se moquer éperdument de conduire ou non et se déclare satisfaite de se faire accompagner dans tous ses déplacements par son mari. Mais Grégoire en a décidé autrement :

« *Elle dit ça, mais je la connais. Elle est trop fière pour le dire, mais elle aimerait bien être indépendante de mon père. Je suis sûr que cela va lui faire plaisir.* »

Grégoire achète donc la voiture. La livre à sa mère, stupéfaite... qui met un certain temps avant d'oser même y grimper... et de la renverser dans un fossé. Depuis cet unique voyage, la voiture est sous une bâche, dans le jardin.

Grégoire *a aimé penser* que sa mère était plus autonome qu'il se l'imaginait. Il ne l'a pas écoutée. Il a interprété ses protestations. Il a substitué sa propre pensée à celle de sa mère.

Mais il n'est pas le seul à fonctionner de cette façon, à pratiquer régulièrement cette intrusion, avec souvent les meilleures intentions du monde ! On entend régulièrement :

- « *Oui, je sais... Tu vas me dire...* »
- « *Il m'a dit ça... mais je suis sûr qu'au fond...* »

A quoi sert donc l'autre si je me mets à parler à sa place ?

Je peux aussi parler de dysfonctionnement quand je me mets à tout interpréter sauvagement : les pseudo-signes, les attitudes, les regards, les gestes, les actes.

Cela revient un peu à faire des procès d'intention aux autres, sans jamais vérifier si ce que l'on a cru comprendre est juste.

« *Mais alors, vous niez l'intuition ?* » me demande un jour une de mes patientes.

Non. Mais je m'en méfie. Il faut, selon moi, faire extrêmement attention à ne pas confondre intuition... et projection.

Penchons-nous à nouveau sur l'histoire de Gaétane. Gaétane est terrorisée à l'idée que son compagnon ne l'aime plus et la quitte. Plutôt que d'intuition, on peut parler ici, sans trop de risque de se tromper, de projection. Ce sont ses propres angoisses que Gaétane projette sur son ami. Et si elle continue dans cette voie, elle va finir par provoquer ce qu'elle redoute le plus. Cercle infernal puisque, alors, elle aura la preuve qu'elle avait raison.

Dans le cas de Grégoire, il s'agit plutôt de sa difficulté à admettre les limites de sa mère. Il est gêné, insécurisé qu'elle ne soit pas plus autonome et il charge sa mère de son propre désir.

Méfions-nous donc de l'intuition. Et si nous tenons vraiment à la prendre en compte, n'oublions pas d'aller vérifier si ce que nous avons deviné, pressenti, supposé, compris... est bien ce que l'autre a voulu dire.

Le bon moyen pour faire cesser le fonctionnement dangereux qu'est la projection est de s'ancrer dans la tête la phrase suivante :

TOUT CE QUI N'EST PAS DIT, EXPRIMÉ, N'EXISTE PAS.

Par exemple, quand mon compagnon (ma compagne) me dit : « Je t'aime », il/elle m'aime... jusqu'à ce qu'il/elle me dise : « Je ne t'aime plus. »

Essayez de mettre cela en pratique : même si c'est un peu outrancier, c'est très efficace et cela simplifie considérablement la vie !

Une autre facette de l'intrusion que nous commettons envers l'autre, c'est l'illusion que nous pouvons *vouloir* pour lui, *vouloir* à sa place. Que notre volonté seule va pouvoir agir sur ce que veut l'autre.

Car dès lors que nous aimons quelqu'un, nous voulons qu'il soit heureux. Nous voulons son bien (selon nos propres critères) et nous allons tout faire pour qu'il en soit ainsi.

Et nous trouver fort étonnés si notre mission échoue.

C'est que, là encore, l'autre a son mot à dire. Et ce mot, nous ne pouvons pas le prononcer à sa place.

Gilbert vient, un jour, me demander un conseil. Comment faire pour aider une de ses amies fort déprimée et qui refuse de se soigner ?

Oui, comment faire, en effet ? J'étonne beaucoup Gilbert quand je lui réponds qu'il ne peut pas faire grand-chose. Sauf si elle met sa vie ou celle des autres en danger, il ne peut rien faire si ce n'est la convaincre d'aller consulter. Lui dire qu'il est là. Qu'elle peut compter sur lui. Il peut l'écouter, aller la voir. C'est le maximum – et c'est déjà beaucoup – qu'un ami puisse faire.

Gilbert ne peut pas vouloir à la place de son amie. Elle seule va décider de ce qu'elle veut faire. Elle a même le droit de gâcher sa vie si elle le désire. Et lui n'y pourra rien. Seulement lui dire ce qu'il en pense. Seulement être présent.

A vouloir trop pour l'autre, nous risquons même parfois de lui faire du tort. Si je me substitue trop souvent à lui, je lui ôte toute possibilité d'agir de lui-même. Si je veux, par exemple, protéger à toute force un collègue malmené, je lui retire peut-être l'envie de puiser en lui-même les ressources pour se défendre.

Nous ne pouvons pas vouloir pour l'autre. Face à celui qui dit « non », nous serons toujours impuissants. C'est toujours celui qui dit « non » qui aura le dernier mot.

Il faut donc être conscients de nos limites et ne pas nous prendre pour le superhéros qui peut sauver le monde.

Non, l'autre a son mot à dire. Et même si ce mot est terrible à entendre, nous nous devons de le respecter.

XVI

LIBRE, PAS ANARCHISTE !

« La liberté consiste à faire tout ce qui ne nuit pas à autrui. »

Déclaration des droits de l'homme et du citoyen, art. IV

Les cadres

> « La vraie liberté, c'est de pouvoir toute chose sur soi. »
>
> Michel de MONTAIGNE

« Moi, je suis libre... Je fais ce que je veux... Personne ne va me dire ce que je dois faire... »

C'est le *credo* d'Arnaud, un jeune rebelle que je reçois, un jour dans mon cabinet. Il vient me consulter parce que, dit-il, il ne sait pas « *comment on peut vivre en se soumettant toujours à tout et à tous...* ».

Il a 22 ans. A raté sa scolarité :

« Ils me faisaient faire des trucs débiles... Vous ne pouvez pas savoir ! La seule chose qui m'intéressait, c'était la techno. Et en troisième, on n'a pas eu de prof pendant quatre mois... »

A 16 ans, il part en apprentissage, au grand dam de ses parents – tous deux exercent une profession libérale – qui avaient d'autres vues pour lui. Arnaud réussit à décrocher son CAP... Mais il se heurte, depuis trois ans, à différents patrons.

Le premier travail que je fais avec Arnaud est, bien évidemment, d'essayer de comprendre d'où lui vient cette incapacité à respecter certaines règles. Pour Arnaud, l'hypothèse est que l'éducation qu'il a reçue était empreinte de l'idéologie de 68 : pas de contrainte. Il est interdit d'interdire. *Peace and Love*... etc. Arnaud, manifestement, n'a pas bénéficié d'une éducation structurante avec des règles et des interdits à respecter.

Arnaud a navigué à vue. Mais le plus difficile est maintenant de lui faire comprendre qu'on ne peut pas faire tout ce qu'on veut et que la liberté, ce n'est pas ça. Vraiment pas.

Arnaud repousse toute idée d'autorité, de lois, de contrainte. Pour lui, être libre, c'est faire exactement ce qu'il veut, au moment qu'il veut, de la façon qu'il veut. Arnaud qui se dit libre est, en fait, un anarchiste. Et pourquoi pas, me direz-vous ?

Oui, en effet, pourquoi pas ? Si Arnaud veut être anarchiste, je n'y vois aucun inconvénient. Mais à en juger par sa démarche auprès de moi, il n'a pas l'air d'assumer totalement ce qu'il met en place.

Nous allons donc travailler sur la notion de liberté. Qu'est-ce que veut dire, aujourd'hui, être libre ?

A condition que l'on accepte l'idée de la non-marginalisation – et c'est le cas d'Arnaud –, il va falloir lui faire admettre que l'on peut être libre… tout en respectant certaines règles de vie en société.

Pour illustrer ce que je lui explique, je trace, au tableau, un grand rectangle. Tout ce qui est à l'intérieur du cadre, c'est ce qui est possible. Tout ce qui est à l'extérieur c'est l'interdit, le danger.

Je m'applique à démontrer à Arnaud que la liberté sans marginalisation peut s'exercer à l'intérieur du cadre. Il faut donc connaître de quoi ce cadre est constitué. Distinguer ce qui est permis de ce qui ne l'est pas. Ce qui est acceptable de ce qui ne l'est pas. Ce qui souhaitable de ce qui ne l'est pas.

Si nous savons de quoi le cadre est fait, si nous connaissons où sont les limites acceptables par la société dans laquelle nous vivons, nous saurons alors comment le respecter.

Cela n'exclut pas que l'on puisse agir sur le cadre. Ce qui fait bouger une société, ce sont, entre autres, toutes les actions collectives que l'on mène pour élargir le cadre et mettre ainsi la vie en adéquation avec l'évolution de notre société. C'est ce que nous faisons quand nous nous mobilisons et faisons changer les lois sur la peine de mort, par exemple, ou sur le droit à l'avortement.

Cela ne veut pas dire non plus que nous ne pouvons pas sortir du cadre. Flirter avec les zones interdites. Tout cela peut être admis si nous savons rentrer dans le cadre quand c'est nécessaire.

En d'autres termes, il faut savoir quand nous transgressons et ce que nous transgressons. Et il faut assumer les risques inhérents à ce débordement. Et, enfin, il faut pouvoir réintégrer le cadre quand le danger devient trop grand, sous peine de mise au ban de la société.

(Attention, néanmoins, à ce que le cadre dans lequel nous évoluons ne soit pas trop étriqué. Nous risquerions alors de ne jamais prendre le moindre risque et de courber l'échine toute notre vie.)

Arnaud, comme beaucoup de jeunes – et de moins jeunes, d'ailleurs – confondait liberté et anarchie. Il est en passe de comprendre que la liberté est bien plus excitante à construire si on l'exerce en étant inséré dans la société plutôt qu'en luttant contre tout sans rien construire.

Philippe, quant à lui, a un autre souci. Parfaitement à l'aise dans son travail qu'il conduit avec succès, il se trouve extrêmement désemparé dès qu'il s'agit de sa vie privée. Alors qu'il est rigoureux, ponctuel, efficace, fiable professionnellement, il devient insaisissable, inconstant avec ses partenaires amoureuses qui défilent dans sa vie à un rythme qui le perturbe.

En fait, Philippe n'aime pas le risque et manque de confiance en lui. Quand le cadre lui est imposé

– comme c'est le cas dans son travail – Philippe est rassuré. Il sait ce qu'il doit faire, comment et quand le faire.

Il en va tout autrement pour sa vie affective. Là, Philippe doit lui-même construire son cadre, et il n'y parvient pas.

Philippe va donc travailler sur ce qu'il attend de sa vie affective et sur ce qu'il ne veut absolument pas. Il va devoir mettre au jour ses désirs, ses craintes, ses refus. Au fur et à mesure de ce travail, le cadre va se dessiner. Il saura comment évoluer à l'intérieur et ne naviguera plus à vue, de femme en femme, sans savoir vraiment ce qu'il cherche ou ce qu'il rejette.

Il est souvent plus facile de respecter un cadre que l'on nous donne...

Mais attention à notre liberté.

Pour rester libres, dans un cadre donné, nous allons devoir rester vigilants. Trop soumis au cadre, nous serons des exécutants, au mieux, des esclaves, au pire. Trop respectueux du cadre, nous serons peut-être enclins à tout accepter sans même voir le danger de ce que l'on nous impose. Trop rebelles au cadre, nous serons rejetés de la société et nous ne pourrons rien bâtir de solide.

(Pour illustrer ce dernier paragraphe, je ne résiste pas à l'envie de vous conseiller la lecture de *Matin brun*, de Franck Pavloff [1], un merveilleux

1. Libris, 2005.

petit conte sur la liberté et les dangers d'une trop grande soumission à une autorité supérieure.)

Et n'oublions pas que l'important n'est pas tant de sortir du cadre, mais de savoir que l'on en sort… et de pouvoir le réintégrer quand cela devient nécessaire.

Ne confondons pas l'anarchie – qui refuse tous les cadres – et la liberté.

La liberté à l'intérieur du cadre est bien plus passionnante à vivre puisque, alors, elle devient indissociable de la construction rendue possible par l'insertion dans la société.

Surtout si nous n'hésitons pas à repousser les limites du cadre quand c'est nécessaire.

XVII

LES PETITES PHRASES QUI TUENT

« A moins d'être un génie, il vaut mieux s'efforcer d'être intelligible. »

Anthony Hope

• *C'est comme moi...*

Non, ce n'est pas comme toi. C'est comme *moi. Je* te parle de *moi.*

• *C'est plus fort que moi...*

L'alibi parfait pour dire ou faire n'importe quoi.

• *Tu sais ce qu'Untel m'a dit à ton sujet ?*

Non, et je ne veux pas le savoir.

• *J'ai juré de ne pas le dire, mais à toi je peux...*

Eh bien, si c'est comme ça que tu gardes un secret !

• *Je ne savais pas ton Georges (ta Julie...) si intime avec...*

Moi non plus, et j'allais mieux avant de le savoir.

• *Moi, quand quelque chose ne va pas, j'en parle.*

Toi, oui. Moi, je fonctionne autrement.

• *Je suis franche, moi, je dis tout ce que je pense.*
Prenant ainsi l'autre pour une poubelle.

• *On se téléphone ?*
Qui ça, on ?

• *Oh, tu sais, moi je te dis ça comme ça, hein !*
Ben voyons...

• *Si j'avais su, je ne t'aurais rien dit...*
Tu as, en effet, perdu une bonne occasion de te taire...

• *T'es où ? ? ?*
Sans commentaire.

• *Je me mets à ta place.*
Mais je ne te le demande pas ! Je veux juste que tu m'écoutes et que tu me réconfortes...

• *Oui, je sais... Tu vas me dire...*
Si tu sais ce que je vais te dire, alors je me tais.

Épilogue

Et maintenant ?

Au début de cet ouvrage, je vous invitais à tracer votre propre itinéraire pour voyager dans le livre à votre gré. Vous vous êtes probablement attardé plus longtemps sur les sujets qui vous intéressaient ; relisant parfois tel passage selon le chemin qu'a pris votre réflexion ; partageant tel autre avec un ami, un conjoint, un parent.

Si, à la fin de votre lecture, vous vous retrouvez avec trois fois plus de questions qu'auparavant, vous aurez atteint le but que je m'étais fixé.

Je suis, en effet, convaincue que le seul moyen d'avancer dans notre vie est d'essayer de se poser toujours et toujours le plus de questions possible. Car c'est le questionnement sans relâche qui élargit et enrichit notre vision et apporte un éclairage nouveau aux problèmes que nous rencontrons.

Je vous souhaite donc de n'en avoir jamais fini… avec les points d'interrogation.

Bonne route !

Retrouvez Maud Lehanne au Café Psycho
tous les premiers jeudis du mois
de 19 heures à 21 heures :

Café « Le Bastille »
8, place de la Bastille
75011 Paris

Tél : 01 43 07 79 95

REMERCIEMENTS

A Jean Bétin, Véronique de Bure, Anne Carrière, Julien Fouchaux, Suzanne Freisse, Jean-Marc Gourdon, Marie-Odile Héritier, Sébastien Mayor, Christine Touffait, la petite troupe du Bourbonnais, et tous les fidèles (ou occasionnels) du Café Psycho depuis huit ans, qui, à un titre ou à un autre, m'ont incitée à écrire ce livre et/ou m'ont soutenue dans cette entreprise solitaire qu'est l'écriture.

Merci également à Boris Cyrulnik, Aline Dagut, Serge Ginger, Marcel Rufo et quelques autres qui, depuis de nombreuses années – et sans qu'ils le sachent toujours – nourrissent et enrichissent ma réflexion.

Cet ouvrage a été composé et imprimé par

FIRMIN DIDOT

GROUPE CPI

Mesnil-sur-l'Estrée

pour le compte des Editions Anne Carrière
104, bd Saint-Germain 75006 Paris
en septembre 2005

Imprimé en France
Dépôt légal : octobre 2005
N° d'édition : 361 – N° d'impression : 74595